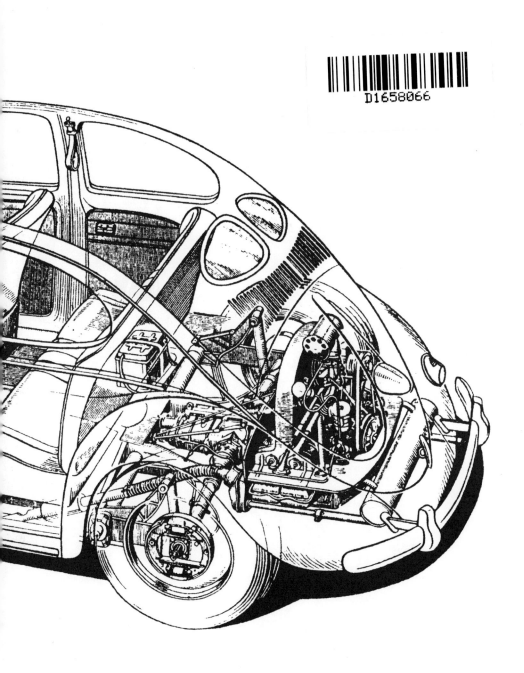

VW Käfer-Welt

Handbuch III

Theo Decker

VW Käfer-Welt
Handbuch III

Von der Serie zu den schönsten und den schnellsten Käfern der Welt

Theo Decker

A C B Verlag

Krokusweg 8

42579 Heiligenhaus

Titelbild und Gestaltung:
Dipl. Designer Theo Decker

Satz und Druck A C B Verlag

A C B Verlag
Krokusweg 8
42579 Heiligenhaus bei Düsseldorf

Telefon 02054-3727
Telefax 02054-6609

Text, Abbildungen und Daten wurden mit größter Sorgfalt erarbeitet.
Verlag und Autor können jedoch für eventuell verbliebene fehlerhafte
Angaben und deren Folgen weder eine juristische Verantwortung noch
irgendeine Haftung übernehmen.

Die vorliegende Publikation ist urheberrechtlich geschützt.
Alle Rechte vorbehalten. Kein Teil dieses Buches darf ohne schriftliche
Genehmigung des Verlages in irgendeiner Form durch Fotokopie, Mikrofilm
oder andere Verfahren reproduziert oder in eine für Maschinen, insbesondere
Datenverarbeitungsanlagen, verwendbare Sprache übertragen werden.
Auch die Rechte der Wiedergabe durch Vortrag, Funk und Fernsehen sind
vorbehalten.

ISBN 3-929766-02-7

Inhaltsverzeichnis

Vorwort 11

Das Auto Museum Wolfsburg 12

Teil I: Die Geschichte des Käfers

1.	**Die Geschichte des Käfers**	
1.1	Die Käferentwicklung	16
1.2	Der Beginn und die Jahre von 1931 bis 1993	18

Teil II: VW Käfer Cabriolet

2.	**VW Käfer Cabriolet**	
2.1	Die Entwicklung	106
2.2	Hebmüller-Cabrio	112
2.3	Die erfolgreiche Karmann Werksgeschichte	121
2.4	Die Chronik der VW-Cabriolets	131
2.5	Die Polizei-Cabrios	144

Teil III: Die Geschichte des Motors

3.	**Die Geschichte des Motors**	
3.1	Das Herzstück des Volkswagens	152
3.2	Motorbeschreibung	168
3.3	Fast 60 Jahre Volkswagenmotor	173

Teil IV: Parallelentwicklung

4.	Parallelentwicklung	
4.1	Vom Volkswagen-Käfermotor zum VW Stufenheck 1500er-Motor	197

Teil V: El Sedan

5.	El Sedan	
5.1	Der Mexico Käfer	214
5.2	Der Käfer Import	218
5.3	Käfertreffen	221
5.4	Käfer-Cup	225

Teil VI: Käfer's Rückkehr in die Zukunft?

6.	Käfer's Rückkehr in die Zukunft?	
6.1	Fahrzeugstudie von Volkswagen: Concept 1	250

Tuner Adressen in Deutschland

Tuner Adressen   254

Nachwort   256

Ein Blick in die Sammlung Volkswagen.

Paris hat den Eiffelturm, London den Tower, Berlin den Funkturm. Wolfsburg hat das Stammwerk aller Volkswagen, die größte Automobilfabrik der Welt unter einem Dach. Und: das AutoMuseum, die interessante technisch historische Sammlung der Volkswagen AG.

Auf 5000 qm werden etwa 140 Exponate gezeigt, davon 110 überwiegend historische Automobile des VW-Konzerns. Weitere Fahrzeuge umfassen den Motorsport sowie Forschungsobjekte. Darüber hinaus werden Prototypen gezeigt, historische Dokumente, Grafiken, Fotos.

Das AutoMuseum Wolfsburg, Dieselstraße 35, freut sich auf Ihren Besuch. Es ist täglich von 10.00-17.00 Uhr geöffnet.

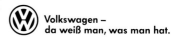

**Volkswagen –
da weiß man, was man hat.**

Vorwort

Nun liegt der dritte Band aus der Buchreihe VW Käfer vor Ihnen „Käfer Welt".

Während sich die beiden ersten Bände mit dem Tuning des Käfers befassen, wird Ihnen in diesem Band der „normale" Käfer vorgestellt.

Beginnend mit der Entwicklung durch Professor Ferdinand Porsche zu Beginn der 30er Jahre habe ich die Chronik des Käfers niedergeschrieben.

Von der Zeit während und nach dem Krieg, dem Wirtschaftswunder der 50er und 60er Jahre bis zur Vorstellung des technisch perfektesten Käfer, dem 1303 S. Ebenso wird die interessante Geschichte der Cabrios von Hebmüller und Karmann erzählt.

In einer Abhandlung gibt Ihnen der Direktor des Volkswagen-Automuseums Dr. Bernd Wiersch vom VW Auto Museum in Wolfsburg einen Überblick über die gesammelten VW- Käfer.

Aber auch die Technik ist nicht vergessen worden.
Sie finden eine umfassende Darstellung aller Motortypen mit allen technischen Daten.

Und zum guten Schluß noch einige Eindrücke und Bilder der schönsten und schnellsten Käfer der Welt.

Kein Zweifel, der Käfer lebt weiter.
Sie erfahren bei welchen Firmen Sie einen neuen Käfer oder ein Käfer-Cabrio aus Mexico beziehen können.

Ich hoffe, daß Sie dieses Buch mit Interesse lesen werden.

Mit den besten Wünschen

Ihr Theo Decker

Das Auto-Museum Wolfsburg

Um das Auto-Museum Wolfsburg vorzustellen braucht es einen Fachmann. Dieser Fachmann, der Museumsleiter Herr Dr. Bernd Wiersch, gibt hier einen Überblick über Vergangenheit und Gegenwart des Auto-Museums in Wolfsburg.

Das Auto übt von allen technischen Erfindungen der letzten einhundert Jahre eine besonders starke Faszination auf die Menschheit aus. Es steht für individuelle Mobilität, für Reisen zu jeder Zeit und an jeden Ort, zu dem man will.

Trotz der Erfindung des Autos in unserem Land gibt es in Deutschland eine Automobilindustrie größeren Maßstabs erst nach dem Zweiten Weltkrieg. Und diese Automobilindustrie steht auch als Symbol für den wirtschaftlichen Aufschwung in der Bundesrepublik Deutschland in den fünfziger und sechziger Jahren der Volkswagen „Käfer". Er ist das Fortbewegungsmittel für viele Millionen Menschen, wirtschaftlich, robust, zuverlässig und aus dem Straßenbild nicht wegzudenken. Ein Museum für dieses Auto zu bauen, das so gar nicht museal die Straßen vieler Länder beherrscht, scheint also widersinnig. Und doch! Auch der Käfer kommt in die Jahre, sein optisch kaum verändertes Blechkleid zeigt Jahresringe: 1953 muß das Brezelfenster dem ovalen Heckfenster weichen, 1957 wird die Sicht nach hinten nochmals entscheidend verbessert, und zwar gleich um 95 Prozent, 1960 verlangt die Straßenverkehrs-Zulassungsordnung statt der bestens bekannten Winker als Fahrtrichtungsanzeiger nun Blinker. 1963 gibt eine breite Kennzeichenleuchte auf dem hinteren Deckel dem Käfer wieder ein neues Gesicht, 1967 sind es die breiteren Stoßfänger, die im zunehmenden Straßenverkehr dem Käfer und seinen Insassen mehr Sicherheit geben, ihn aber auch wieder optisch verändern.

Es gibt also die markanten Unterschiede. Nachdem die Nostalgie immer mehr auch das Alltagsleben beherrscht, ist es auch für Volkswagen an der Zeit, seine Tradition zu pflegen und zu dokumentieren. Man sammelt zielstrebig Fahrzeuge und technische Innovationen aus der Vergangenheit, um sie später einmal in einem Museum präsentieren zu können.

Später: das ist konkret der 15. April 1985, fast fünfzig Jahre, nachdem der erste Käfer-Prototyp aus eigener Kraft über die Straßen um Stuttgart gerollt ist. Auf einer Ausstellungsfläche von 5 000 qm, in der Dieselstraße 35, werden seitdem die technischen Leistungen des Volkswagen-Konzerns in der Vergangenheit bis hin zur Gegenwart eindrucksvoll gezeigt.

Etwa 120 Automodelle sind ausgestellt, und, wie könnte es anders sein, über zwanzig davon sind Käfer. Eintönig? Keineswegs! Einige dieser Wagen stehen als anschauliche Dokumente für die technische Weiterentwicklung dieses einmaligen Automobils, sind also „nur" Serie. Die meisten jedoch haben ihre individuelle und interessante Geschichte. Der "Herbie" zum Beispiel, Star mehrerer Filme, der nicht nur Kinder, sondern auch Erwachsene begeisterte und in seinen Bann zog.

Der kleine Wagen, der sich gegen große und PS-protzende Konkurrenz durchsetzte, ist heute im Auto-Museum beliebter Anziehungspunkt für die Kinder.

Da ist der 1 000 000 Volkswagen, goldmetallic lackiert, mit Weißwandreifen und Brokatpolsterung als Symbol für eine besondere Leistung des Volkswagenwerks und seiner Mitarbeiter 1955. Viele von ihnen, die damals schon dabei gewesen waren, bekommen heute noch Glanz in die Augen, wenn sie an die Zeit zurückdenken. Es gab aus Anlaß dieses besonderen Jubiläums in Wolfsburg ein Fest, zu dem die ganze Welt geladen worden war, die sich der Käfer erobert hatte. Erinnerung, Stolz, Bestätigung der eigenen Leistung.

Das Hebmüller-Cabriolet von 1949.
Hier gibt es eine kleine Geschichte des Ausstellungswagens. Insgesamt wurden 696 Fahrzeuge dieses Modells überhaupt nur gebaut. Der ausgestellte Wagen gehörte einem Frankfurter Bankier und lief bis Mitte der 60er Jahre als Strandwagen auf der Nordseeinsel Sylt. Als das Volkswagenwerk ihn dann erwarb, war als Kaufpreis neben der Lieferung eines neuen Cabriolets auch die Lackierung in den gleichen Farben, wie sie der alte Wagen hatte, vereinbart worden. Da diese Farbe jedoch nicht im Farbprogramm des gerade laufenden Modelljahres vorhanden war, hätte die Erfüllung dieser Forderung die Umstellung der Produktion erforderlich gemacht. Man einigte sich also auf die Auslieferung eines normalen Cabriolets und die Bezahlung einer entsprechenden Lackierung außerhalb des Werks.

Und dann, als besonderer Leckerbissen für den Kenner, unscheinbar, schwarz und ohne jeden Chrom, der älteste Käfer, den es heute noch gibt. Er hat die Fahrgestellnummer 03, stammt aus dem Jahr 1938 und war lange der persönliche Dienstwagen von Prof. Ferdinand Porsche. Auch sein Schicksal läßt sich genau verfolgen, bis er endlich den „Ruhestand" im Auto-Museum antreten konnte. Schaut man ihm unter die Fronthaube, dann kann man noch heute Spuren des Kriegs und der damit verbundenen Zwangsbewirtschaftung erkennen. Weil es gegen Ende des Krieges nicht mehr in ausreichendem Maße Benzin in Deutschland gab, mußte man Fahrzeuge mit alternativen Kraftstoffen betreiben, in diesem Falle Holzgas. Ein entsprechender Generator wurde unter die Fronthaube gebaut, und der 985 ccm Käfermotor im Heck lief nun mit diesem neuen Treibstoff. Insgesamt hat dieses Fahrzeug bis heute über 600 000 Kilometer zurückgelegt; allerdings mußte der Motor zweimal getauscht werden.

Auch die anderen Modelle von Volkswagen sind selbstverständlich im Auto-Museum ausgestellt, Modelle, die wie der VW 1500, VW 1600, VW 412 und auch der Karmann Ghia bereits zu den Oldtimern der Volkswagen-Geschichte zählen. Für viele sind diese Modelle allerdings noch reale Gegenwart im Straßenbild, und dennoch, Volkswagen-Geschichte sind sie allemal.

Volkswagen hat im Motorsport nicht erst seit dem Ralley Sport einen guten Namen, sondern die Formel V ist ein klangvoller Begriff für Rennsport mit Volkswagen, der preiswert war und für viele Klassefahrer der Einstieg in die Erfolge der Formel 1.

Fahrer wie Niki Lauda und Keke Rosberg haben ihre ersten Rennsporterfolge auf Formel V gehabt und sich dann für den großen Motorsport klassifiziert. Beide Motorsportrichtungen, die alte Formel, aber auch der moderne Rallyesport, sind mit entsprechenden Fahrzeugen im Auto-Museum vertreten. Und wer alte, ganz schnelle Volks-Rennwagen erleben will, kommt hier auch auf seine Kosten. Aus dem Jahre 1949 stammt ein handgefertigter Rennwagen von Petermax Müller, der schon auf dem Nürburgring damals - mit Volkswagen-Technik - Geschwindigkeiten von über 200 km/h erreichte.

Natürlich gibt es auch Volkswagen zu bewundern, die nie in Serie gingen. Sie legen Zeugnis ab vom Ingenieurgeist bei Volkswagen, der neben den Käfer immer neue Modelle zu setzen versuchte, die dann allerdings immer wieder am Erfolg des Käfers gemessen wurden. Das Urteil lautete meist: gewogen und zu leicht befunden. Der Erfolg des Käfers ließ sie nicht aus ihrem Schattendasein herauskommen.

Und es waren zum Teil recht interessante Entwicklungen, die da nicht in Serie gingen. 1955 entwickelte Volkswagen einen Kleinwagen mit Kombiaufbau, vorn liegendem, luftgekühlten Boxermotor, mit Frontantrieb und Federbeinachse, und das alles fünf Jahre, bevor der Austin Mini auf den Markt kam. Ein anderes Fahrzeug aus dieser Palette ist eine Kombilimousine mit Sechszylinder-Boxermotor im Heck, viel Platz im Innern und stattlicher Erscheinung von außen, der für den amerikanischen Markt vorgesehen war. Auch er ging nicht in Serie.

Keine Serienfahrzeuge sind auch die vielen Forschungsfahrzeuge von Volkswagen, die als Technologieträger für kommende Modelle entwickelt wurden.

Schwerpunkte der Forschungsansätze waren Anforderungen an Autos der Gegenwart und Zukunft, die uns das Autofahren auch künftig ermöglichen sollen: Insassensicherheit bei Unfällen, ebenso wie der Schutz der Fußgänger, Abgasemission, Treibstoff- Verbrauchsreduzierung und Geräuschentwicklung waren weitere Forschungsschwerpunkte. Hinzu kam die Anwendung alternativer Materialien im Automobilbau, ebenso wie die Aerodynamik, ohne die ein Auto der Gegenwart nicht denkbar ist. Nach diesem Blick in die Zukunft noch einmal zurück in die Historie. 1932 schlossen sich die vier Hersteller Audi, DKW, Horch und Wanderer zur Auto Union AG zusammen. Ihr Modellprogramm reichte vom Motorrad, über den Kleinwagen, bis hin zum Luxusgefährt. Natürlich ist auch diese Vielfalt der Vorläufergesellschaft der heutigen Audi AG im Auto-Museum vertreten.

Automobilgeschichte hat der DKW Fl geschrieben, der erste Serienwagen mit Frontantrieb aus dem Jahre 1931. Er ist der Urahn aller frontgetriebenen Automobile der Gegenwart, die immerhin heute weltweit einen Produktionsanteil von über 70 Prozent haben. Der ausgestellte kleine Roadster nimmt sich, trotz seiner historischen Bedeutung für die Automobilentwicklung, recht bescheiden aus. Mit seinem quer zur Fahrtrichtung eingebauten 600 ccm Motor ist ein bescheidener Schritt auf dem Wege zur Massenmotorisierung in Deutschland, zum Volkswagen, getan.

Anders dagegen die repräsentativen Luxuslimousinen und -Cabriolets der Firma Horch. Sie vereinen in sich alles, was im Automobilbau der zwanziger und dreißiger Jahre gut, aber auch teuer war.
Der ausgestellte Horch 303 des Jahres 1926 ist der erste deutsche Achtzylinderwagen. Aus einem Hubraum von 3100 ccm leistet der Motor 60 PS, die dem Wagen eine Höchstgeschwindigkeit von 100 km/h verleihen. Ein echtes Herrenfahrzeug, das bei einem Leergewicht von über 1,8 Tonnen den ganzen Mann zum Lenken erforderte. Von bestechender Schönheit ist das Horch S53 A Cabriolet, der schönste Horch, den es jemals gegeben hat. Sein damaliger Verkaufspreis lag bei etwa 15 000 Reichsmark. Damit kostete das Auto so viel wie ein Einfamilienhaus. Sein 5-Liter-Motor leistet 120 PS und beschleunigt das Fahrzeug auf imposante 135 km/h. Allerdings ist dann der Durst des Motors genauso imposant: 22 Liter auf 100 Kilometer Fahrstrecke.

Diese wenigen vorgestellten Autos aus der Sammlung der Volkswagen AG zeigen eines sehr deutlich: Volkswagen und Audi haben die Automobilgeschichte an entscheidender Stelle mitgestaltet und werden dies auch in Zukunft tun. Der Besucher hat Gelegenheit, sich dieses Kapitel Automobilgeschichte täglich von 9.30 bis 17 Uhr anzusehen. Lediglich zwischen Weihnachten und Neujahr ist Pause im Auto-Museum Wolfsburg.

Auto-Museum Wolfsburg Dieselstraße 3 Telefon 05361 925014
Geöffnet: täglich von 9.30 bis 17.00 Uhr

Man freut sich dort auf Ihren Besuch.

1 Die Geschichte des Käfers

1.1 Die Käferentwicklung

In zahlreichen Büchern und Schriften wurde die Geschichte des Volkswagens beschrieben und den Fans und Liebhabern zugänglich gemacht.
Diese Schilderung der Käferentwicklung beantwortet die am häufigsten gestellten Fragen: Welches sind denn wohl die Gründe für die außerordentliche Verbreitung des Volkswagens, und warum wird er auch heute noch gebaut, trotz seiner schon über 50 Jahre bestehenden Grundkonzeption.
Mit diesem historischen Rückblick wollen wir diese Fragen beantworten.

Der Vorläufer des Käfers, Typ 32, für NSU gebaut. Fahrgestellnummer: 2004

NSU Prototyp Porsche 32. *Bereits 1931/32 hatte die NSU Vereinigte Fahrzeugwerke AG wegen starker Absatzschwierigkeiten auf dem Motorradsektor Pläne, wieder Automobile zu bauen, nachdem man 1928 die Automobilproduktion an Fiat verkauft hatte. Der Auftrag zur Konstruktion eines Kleinwagens wurde an die Firma Porsche gegeben. Die ersten Konstruktionsüberlegungen lagen im August 1933, die Ablieferung der Zeichnungen erfolgte im Dezember, die erste Probefahrt fand am 27. Juli 1934 statt.*
Bei den Erprobungsfahrten traten Schwierigkeiten mit den Federstäben auf, die zunächst immer wieder brachen, sich dann aber, nach Verbesserung der Materialqualität, bewährten. Zur Aufnahme der Produktion kam es nicht, weil NSU die dazu nötigen Investitionen in Höhe von zehn Millionen Reichsmark nicht aufbringen konnte.

Sein Konstrukteur Ferdinand Porsche.

1875
in Maffersdorf/Böhmen geboren.

1900
Chefkonstrukteur beim k.u.k. Hofwagenlieferanten L. Lohner in Wien.

1905
Technischer Direktor der Österreichischen Daimler-Motoren-Gesellschaft.

1916
Generaldirektor von Austro-Daimler, Dr.-Ingenieur honoris causa der Technischen Hochschule Wien.

1923
Chefingenieur und Technischer Vorstand der Deutschen Daimler-Werke in Stuttgart.

1924
Ehrendoktorwürde der Technischen Hochschule Stuttgart.

1929
Chefkonstrukteur der Steyr-Werke.

1930
eigenes Konstruktionsbüro in Stuttgart.

1937
Geschäftsführer der Gesellschaft zur Vorbereitung des Volkswagens (Gezuvor).

1938
Verleihung des Nationalpreises, der zur Führung des Professorentitels berechtigt. Hauptgeschäftsführer des Volkswagenwerkes und Wehrwirtschaftsführer.

1945-1947
Haft in Baden-Baden, Paris und Dijon.

1951
in Stuttgart gestorben.

Technische Daten Typ: 12
Es wurden drei Versuchswagen gebaut.

Baujahr: 1932
Zylinderanordnung: Fünfzylinder
Sternmotor (wassergekühlt)
Bohrung / Hub: 70 / 62 mm
Hubraum: 1200 ccm
Max. Drehzahl: 3050 / 3600 U/min
Leistung: 26 PS
Getriebe: Dreigang plus Schnellgang
Federung: Blattfedern vorn und hinten
Radstand: 2500 mm
Spurweite vorn / hinten: 1200/1200 mm
Bereifung: 4,00 - 18 Zoll
Leergewicht: 900 kg.
Höchstgeschwindigkeit: 80 km/h

Technische Daten Typ: 32
Es wurden drei Versuchswagen gebaut.

Baujahr: 1933 / 34
Zylinderanordnung: Vierzylinder
Boxermotor (luftgekühlt)
Bohrung / Hub: 80 / 72 mm
Hubraum: 1470 ccm
Max. Drehzahl: 2600 / 3000 U/min
Leistung: 28 PS
Getriebe: Viergang
Federung: Drehstab vorn und hinten
Radstand: 2600 mm
Spurweite vorn / hinten: 1200/1200 mm
Bereifung: 5,25 - 16 Zoll
Leergewicht: 870 kg.
Höchstgeschwindigkeit: 90 km/h

1.2 Der Beginn

1931

Es ist im September 1931, als der damals schon sehr bekannte Konstrukteur Ferdinand Porsche in seinem Konstruktionsbüro in der Kronenstraße in Stuttgart vor seinen Mitarbeitern auf dem Zeichenbrett einen Volkswagen skizziert. Die Skizze findet allgemeine Zustimmung, und man ist sich sicher, daß dieses neue Auto eine Zukunft haben wird.

Mit Feuereifer gehen alle an die Arbeit. Das Projekt wird Nr. 12 genannt und soll in drei Monaten fertiggestellt sein. Langsam nimmt der Wagen auf dem Papier Gestalt an. Eine zweitürige Karosserie, ein luftgekühlter 3-Zylinder-Motor, eine unabhängige Vorderradaufhängung - eine bis dahin unbekannte Version.

Doch niemand ist bereit das Wagnis einzugehen und einen Prototypen zu bauen, alle bis auf Zündapp. Hier werden unter größter Geheimhaltung drei Prototypen hergestellt. Zwei Limousinen und ein Cabriolet, deren äußere Formen sehr einem Käfer gleichen.

1932

Die ersten Versuche mit diesen Prototypen sind niederschmetternd. Bei zwei Wagen geht der Motor nach weniger als zwei Kilometern zu Bruch. Es summieren sich die auftretenden Fehler, und erst Ende 1932 sind die Prototypen fast perfekt.

Jetzt stellt sich aber heraus, daß Zündapp nicht das nötige Kapital hat, um eine Serienfertigung zu beginnen. Das Projekt ist erledigt. Neumeyer, der Chef von Zündapp, erlaubt Porsche jedoch, einen der Prototypen für seinen eigenen Bedarf zu behalten. Porsche fährt diesen Wagen zwölf Jahre lang bis bei einem Fliegerangriff auf Stuttgart die Garage, in der der Wagen steht, zerstört wird.

Entwurfszeichnung der drei Varianten der Typenreihe 60 von Ferd. Porsche. Noch sind die Scheinwerfer auf der Karosserie angebracht, bei den späteren Fahrzeugen (Typ 12 und Typ 32) wurden sie in die Kotflügel eingebaut. Oben: diese Ausführung wurde nie gebaut. Mitte: der Typ V1, mit ihm wurden die ersten Testfahrten ausgeführt. Unten: das erste Cabriolet V2 genannt, wurde in dieser Ausführung von Porsche als Prototyp gebaut und von ihm selbst gefahren.

1933

Die Firma NSU nimmt zu Porsche Kontakt auf, um das von Zündapp verworfene Projekt wieder aufzunehmen. Drei Prototypen sollen gebaut werden. Doch wie immer treten auch hier eine Menge Probleme auf. Porsche hat für die Prototypen einen luftgekühlten Motor gebaut, der zwar einen höllischen Lärm macht aber die tolle Leistung von 115 km/h schafft; und dies ohne Ermüdungs- und Überhitzungserscheinungen zu zeigen. Porsche hofft, daß nun dieser Wagen mit einer großen Stückzahl in Produktion gehen wird.
Leider wußte er nicht, daß die Firma NSU im Jahre 1928 mit dem italienischen Automobilhersteller Fiat einen Vertrag geschlossen hatte, der besagte, daß NSU sich ausschließlich mit der Herstellung von Motorrädern befassen dürfte und Fiat die Autos bauen würde, die unter dem Namen NSU-Fiat auf den Markt kommen würden. So ist es NSU unmöglich den ,,Volkswagen" zu bauen und in Serie gehen zu lassen. Ein schwerer Schlag für Ferdinand Porsche, aber er gibt die Hoffnung nicht auf. Seine Zeit wird kommen.

Im Herbst 1933 bittet Jakob Werlin, ein Mercedes-Vertragshändler in München und Freund Adolf Hitlers, Porsche zu einem Treffen in das Berliner Hotel Kaiserhof.
Porsche fährt nach Berlin und trifft dort zu seiner größten Überraschung Adolf Hitler, der ihm seinen Plan für die Motorisierung des deutschen Volkes vorträgt. Insbesonders ist ihm am Bau eines kleinen Volkswagens gelegen, der vier Personen Platz bieten und 100 km/h schnell sein soll. Er soll nicht kompliziert sein, und vor allen Dingen darf er nicht mehr als 1000,- Reichsmark kosten. Alle Teile dieses Wagens sollen leicht repariert oder ersetzt werden können, und ein luftgekühlter Motor soll es antreiben.

Dies ist eine große Herausforderung für Porsche; da doch der zur damaligen Zeit billigste Wagen immerhin 2800,- Reichsmark kostet. Man einigt sich darauf, daß Porsche ein Memorandum in vierfacher Ausfertigung erstellen soll: eines für Hitler, eines für Werlin, eines für das Verkehrsministerium und eines für Porsche selbst.
Nach Stuttgart zurückgekehrt beginnt Porsche eine Woche später mit dem Memorandum und benutzt dafür die Fakten des für NSU entwickelten Prototyps.

1934

Am 17. Januar 1934 setzt Porsche seine Unterschrift unter das fertige Memorandum das die Überschrift trägt: ,,Exposé betreffend den Bau eines deutschen Volkswagens."

Vier Punkte sind besonders entscheidend darin:
1. Bestmögliche Aufhängung und bestmögliche Straßenlage.
2. Höchstgeschwindigkeit 100 km/h.
3. Bergsteigefähigkeit von 30%.
4. Kaufpreis und Unterhaltskosten so gering wie möglich.

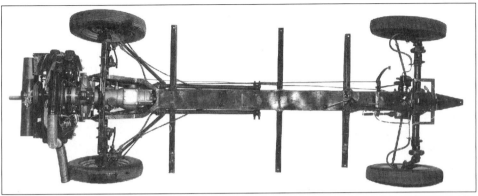

Fahrwerke der ersten VW-Käfer Limousinen Modelle

Das Fahrwerk für den VW 30:
Zentral-Plattformrahmen mit luftgekühltem Boxermotor.
Vorderachse: Einzelrad-Aufhängung, Vorderachsträger mit Federpaket.
Hinterachse: Pendel-Hinterachse mit Drehstabfederung.

Technische Motor-Daten VW 30
Es wurden 30 Versuchswagen gebaut: 29 Limousinen und 1 Cabriolet.

Baujahr: 1936 / 37, Zylinderanordnung: Vierzylinder Boxermotor (luftgekühlt).
Bohrung / Hub: 70 / 64 mm, Hubraum: 985 ccm, max. Drehzahl: 3000 / 3200 U/min.
Leistung: 22 PS, Getriebe: Viergang, Federung: Drehstab vorn und hinten, Radstand: 2400 mm,
Spurweite vorn / hinten: 1250 / 1250 mm, Bereifung: 5,25 - 16 Zoll, Leergewicht: 650 kg.
Höchstgeschwindigkeit: 100 km/h.

Die Geschichte des Käfers

Vorderansicht des Fahrwerks mit Vorderachse von 1935

Heckansicht des Fahrwerks mit Antriebseinheit von 1935

24 Die Geschichte des Käfers

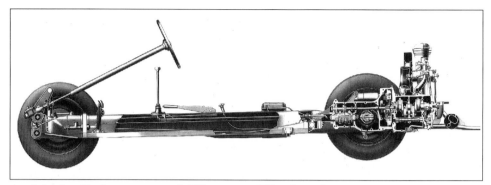

Ansicht der Bodengruppe mit Hinter- und Vorderachse

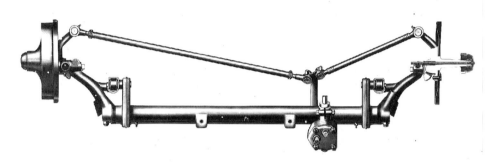

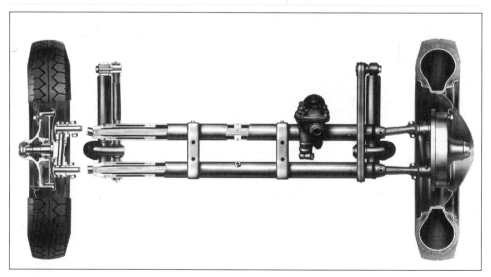

Vorderachskörper und Vorderachse

Die Geschichte des Käfers 25

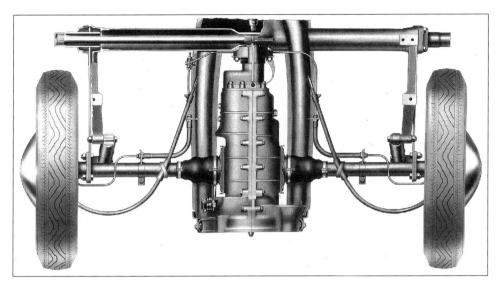

Hinterachskörper mit Getriebe und Antriebräder

Seitenansicht der Bodengruppe mit Achskörpern und Motor

Hitler ist von dem Memorandum sehr angetan, und bei seiner Eröffnungsrede anläßlich der Berliner Automobilausstellung im März 1934 trägt er seine Idee vom deutschen Volkswagen vor.
Einige Tage nach Ende der Ausstellung wird Porsche in das Verkehrsministerium gebeten. Dort wird ihm mitgeteilt, daß sein Vorschlag großen Anklang gefunden habe, allerdings müsse das Ganze noch einmal überarbeitet werden, da der veranschlagte Preis von 1550,- Reichsmark zu hoch sei.

Im Frühsommer 1934 erhält Porsche einen offiziellen Brief von Dr. Allmers, dem Vorsitzenden des RDA (Reichsverband der Deutschen Automobilindustrie), in dem steht, daß das Verkehrsministerium dem Bau des Volkswagen zugestimmt habe.

Porsche unterschreibt einen aufwendigen Vertrag, in dem er sich dem RDA gegenüber verpflichtet, einen Prototypen zu bauen, der in 10 Monaten fertiggestellt werden soll, dessen Herstellungspreis 900,- Reichsmark nicht überschreiten darf und dessen Produkstionszahl zunächst 50 000 Stück betragen soll.

Um die Geheimhaltung des Projektes zu gewährleisten, benutzt Porsche seine Garagen als Produktionsräume für die Erstellung der drei vertraglich festgelegten Prototypen. Sogar einige Räume in seinem Haus müssen zu Arbeitsräumen umfunktioniert werden.

Porsche unterrichtet Dr.Allmers regelmäßig über alle Fortschritte, die Arbeit kommt jedoch nicht so voran wie er sich das gedacht hat.

Ein Problem besonderer Art bereitet ihm der Motorblock. Die bisher entwickelten Motortypen sind zwar unproblematisch, überschreiten aber bei weitem die Grenze von 900,- Reichsmark pro Auto.

1935

Anläßlich seiner Eröffnungsrede zur Automobilausstellung 1935 in Berlin teilt Hitler der Öffentlichkeit mit, daß es einem genialen Konstrukteur und seinen Ingenieuren gelungen sei, den Prototyp des deutschen Volkswagen zu entwickeln. Jedem Deutschen soll es möglich sein, einen solchen Volkswagen, der nicht mehr als ein Motorrad kosten soll, zu erwerben.

Porsche beschäftigt 1935 schon 35 Angestellte, aber die Fertigstellung der Prototypen ist noch nicht in Sicht.

Nachdem die Versuche mit den Zweizylindermotoren scheitern, fällt die Entscheidung zugunsten des Vierzylinder-Boxermotors mit 985 ccm, mit Bohrung/Hub = 70/64, mit dem Verdichtungsverhältnis 5,6 : 1 und einer Leistung von 23,5 PS. Dieser „Kurzhuber" war im Zeitalter der „Langhuber" eine Sensation.

Die Geschichte des Käfers 27

VW-Prototypen, Baujahr 1935

1936

Im Sommer 1936 fährt Porsche in die USA, um an Ort und Stelle die Produktionsmöglichkeiten der amerikanischen Automobilindustrie zu erforschen. Er steht mit der Stoppuhr an den Fließbändern, und ihm wird klar, daß der geplante Volkswagen nur dann billig angeboten werden kann, wenn seine Produktionsmethoden sich grundlegend von den sonst in Europa üblichen unterscheiden. Er teilt Werlin, dem Vertrauten Hitlers, mit, daß der Volkswagen nur durch eine vom Staat garantierte Finanzierung und nicht von den bestehenden privaten Automobilfabriken hergestellt werden kann.

Am 12. Oktober 1936 kann Porsche seine drei Prototypen an Dr. Allmers und somit an den RDA zur Prüfung übergeben. Der härteste Test beginnt, dem sich bis dahin ein deutsches Auto unterziehen mußte. Jedes Fahrzeug muß 50 000 km, über Autobahnen und Hochstraßen mit Steigungen im Schwarzwald fahren. Die Tests werden vom RDA überwacht. Schon am nächsten Tag beginnen die Probeläufe. Die Fahrer starten an Porsches Garagen und kehren dorthin auch wieder zurück.

Fieberhaft arbeiten die Monteure, um alle gewissenhaft aufgeführten Mängel zu beseitigen. Schließlich, am 22 Dezember 1936, ist der Test beendet. Jeder der drei Wagen hat eine Strecke von 50 000 km zurückgelegt.

1937

Jetzt werden alle geführten Protokolle genau ausgewertet. Zum Schluß erscheint ein Bericht, der besagt, daß sich die charakteristischen Züge der allgemeinen Konstruktion bewährt haben. Die Leistung der Prototypen ist zufriedenstellend, und es wird empfohlen, die Fortführung des Baus dieser Fahrzeuge in Betracht zu ziehen.

Als dem RDA dieser Bericht vorgelegt wird, ist Dr. Allmers mehr als verärgert. Der Bau eines Volkswagens wäre für die bis dahin bestehende Automobilindustrie die größte Konkurrenz gewesen, zumal gerade Firmen wie Opel und Ford den RDA repräsentiert. Es wird Porsche als erstes angekreidet, daß er für die Schaffung der Prototypen nicht wie vereinbart 10 Monate sondern 28 Monate gebraucht hat.

Er rechtfertigt sich damit, daß aufwendige Motorversuche stattgefunden haben, daß er ein Auto entwickeln sollte, welches Tag und Nacht draußen stehen könne und deshalb an die Karosserie besondere Anforderungen gestellt werden müssen. Letzendlich geht es auch noch um den Preis.

Porsche ist nach wie vor der Ansicht, daß man das Auto nicht für 900 Reichsmark würde bauen können. Schon am nächsten Tag schickt Dr. Allmers, begleitet von einem abwertenden persönlichen Schreiben, den Bericht an das Verkehrsministerium. Dieses forderte umgehend alle Unterlagen an und leitet sie an Hitler weiter. Dieser beschließt im März 37 den Volkswagen zu bauen und dafür eine ganz neue Fabrik zu errichten. Einige Tage später wird die „Gesellschaft zur Vorbereitung des Volkswagens" gegründet, abgekürzt „Gezuvor".

VW-Prototypen, VW 30 Baujahr 1936. Von diesem Typ wurden 30 Stück gebaut

K. Gesamturteil.

In kurzen Worten kann das Ergebnis der Versuchsfahrt wie folgt zusammengefasst werden :

Die Bauart hat sich bisher als zweckmässig erwiesen.

Die Versuchswagen haben sich auf der 50000 km-Fahrt im allgemeinen bewährt. Es sind zwar eine Anzahl von Schäden vorgekommen und Mängel aufgedeckt worden. Sie alle sind jedoch nicht grundsätzlicher Natur und voraussichtlich technisch ohne grössere Schwierigkeiten beherrschbar. Verschiedene Baugruppen, wie z. B. Vorderachse und Bremsen, erfordern zur Weiterentwicklung noch eingehende Versuche.

Der Betriebsmittelverbrauch hält sich in befriedigenden Grenzen.

Die Fahrleistungen und Fahreigenschaften des Wagens sind gut.

Das Fahrzeug hat demnach Eigenschaften gezeigt, die eine Weiterentwicklung empfehlenswert erscheinen lassen.

Es ist zu erwarten, dass die nächsten 30 Probewagen, deren Herstellung in einer mit allen modernen Einrichtungen versehenen bewährten Automobil-Fabrik unter Ausnutzung der Erfahrungen dieser Versuchsfahrt im Gange ist, bei einer neuen, ebenso systematisch durchgeführten Dauerprüfung wesentlich bessere Ergebnisse bringen werden.

Sämtliche Original-Unterlagen, Beobachtungsbogen, Stammkarten, Tachografen-Blätter usw. stehen den Herren Mitgliedern der Technischen Kommission des R.D.A. zur Einsichtnahme jederzeit zur Verfügung.

Gesehen :
Dr. Ing. h.c.
F. Porsche G.m.b.H.

Die Fahrtleitung :

REICHSVERBAND DER AUTOMOBILINDUSTRIE E.V.

Die Gesellschafter heißen Ferdinand Porsche, Jakob Werlin und Bodo Lafferentz. Der Mann, der aber für die Verwirklichung dieser Aufgabe in der Regierung zuständig ist, heißt Robert Ley. Er ist der Chef der Deutschen Arbeitsfront und Arbeitsminister, außerdem untersteht ihm die Leitung der KdF- (Kraft durch Freude) Organisation.

Porsche hat damit einen Sieg über den RDA errungen. Nun müssen in weiteren Erprobungen die letzten Mängel beseitigt werden. Geld ist jetzt kein Thema mehr, da die DAF (Deutsche Arbeitsfront) aus ihrem Vermögen sofort 500 000 RM zur Verfügung stellt.

Es wird also der Bau einer Serie von 30 Stück beschlossen, mit denen in den nächsten Monaten 2,5 Millionen Testkilometer gefahren werden sollen. Die 30 Prototypen werden mit gewohnter Qualität bei Daimler-Benz in Stuttgart gebaut und sind nach etwa vier Monaten fertig. Die Testfahrten beginnen um Ostern 1937.

Als Fahrer sind 120 SS-Männer abkommandiert worden. Alles unterliegt größter Geheimhaltung. Jeder Teilnehmer dieser Versuchsreihe muß ein Dokument unterschreiben, daß ihn bei Strafe zu größtem Stillschweigen verpflichtet. Als Stützpunkt wird eine Kaserne in der Nähe von Stuttgart in Kornwestheim gewählt. Hier gibt es genügend Raum, so daß ein reibungsloses Funktionieren gewährleistet ist. Porsche bestimmt seinen Sohn Ferry zum Versuchsleiter. Die Versuche laufen Tag und Nacht, und es kommen eine Fülle von Meßdaten zusammen, die alle sorgfältig gewertet und ausgewertet werden.
Das Ergebnis ist zufriedenstellend. Die Durchführung des Tests hat 1,7 Millionen Reichsmark gekostet. Porsche überlegt jetzt mit Werlin und Lafferentz, wie am besten mit der Errichtung des großen Autowerkes begonnen werden kann.

Ein großes Werk muß es werden, denn es wird eine Stückzahl von ca. 500 000 Autos pro Jahr festgelegt. Das soll sich dann später auf eine Million steigern. Da man aber nicht weiß, wie man fähige Köpfe für diese Pläne begeistern kann, hat Werlin die Idee, deutsche Techniker, die in die USA ausgewandert waren, nach Deutschland zurückzuholen. Und so fährt Porsche mit einigen der engsten Mitarbeiter in die USA, um die nötigen Ingenieure nach Deutschland zu holen. Es gelingt ihm ca. 20 fähige Mitarbeiter zu überreden; außerdem werden hier die nötigen Werkzeugmaschinen für das neue Volkswagenwerk bestellt.

In der Zwischenzeit bespricht Ley mit Hitler die Organisation des Vertriebs der Volkswagen. Es wird ein besonderes System entwickelt. Jeder Deutsche kann einen Antrag für die Bestellung eines KdF-Wagens erhalten. Nach der Genehmigung erhält er ein Heft, in das er wöchentlich Sparmarken einkleben muß.

Mindestens 5 Reichsmark müssen es schon sein.

32 Die Geschichte des Käfers

Während des Krieges waren die Fahrzeuge mit dem Holzgaskocher sehr gefragt.

Die regelmäßige Einhaltung der Sparrate garantiert den Erwerb eines Volkswagens. Gleichzeitig mit dem Preis des Autos, der bei 990,- RM liegt, muß die Versicherung für zwei Jahre bezahlt werden.

Noch ist es aber nicht so weit, denn es muß zunächst ein Gelände für die Errichtung einer Fabrik gefunden werden. Das neu zu errichtende Werk soll ebenso an einer Wasserstraße wie an einer Bahnlinie liegen, gut erreichbar und nicht in der Nähe einer Großstadt sein. Man findet in der Nähe von Fallersleben ein Gelände, das den Anforderungen entspricht. Es gehörte zum größten Teil dem Graf von Schulenburg.

Er wird unmißverständlich aufgefordert sich von seinen Gütern zu trennen, da diese für ein großes nationales Projekt benötigt würden. Obwohl er durch einflußreiche Freunde versucht dies zu verhindern, muß er seine Ländereien veräußern und bekommt eine Entschädigung nach dem Schätzwert.

Nun beginnt die Suche nach dem Architekten, denn es soll nicht nur das größte europäische Automobilwerk, sondern auch eine ganz neue Stadt gebaut werden. Die Wahl fällt auf den jungen österreichischen Städteplaner Peter Koller.

**VW Käfer für den Wehrmachtseinsatz,
mit kleinen Leuchtschlitzen in den Scheinwerfern**

1938

Anfang 1938 erteilt Hitler Peter Koller, einem Freund von Albert Speer, Hitlers Adlatus bei der Verwirklichung architektonischer Träume, den Auftrag für die Errichtung des Werkes und den Bau der dazugehörigen Stadt. Am 26. Mai 1938 legt Hitler den Grundstein zum Volkswagenwerk. In seiner Begrüßungsrede nennt Hitler den neuen Wagen ,,KdF-Wagen" und nicht ,,Volkswagen", was Porsche sehr verstimmt.

Nun, da der Bau des Werkes beginnen sollt, stellt sich heraus, daß es nicht genügend Arbeiter gibt. Als Hitler davon erfährt, bittet er Mussolini ihm italienische Arbeitskräfte zu schicken. So kommen im Jahre 1938 die ersten italienischen Gastarbeiter in die KdF-Stadt.

Der während des Krieges ausschließlich für militärische Zwecke gebaute Käfer war sehr spartanisch ausgerüstet. Er hatte weder hydraulische Bremsen noch ein synchronisiertes Getriebe.

1939

Am 1. Januar werden die ersten Sparheftchen ausgegeben und innerhalb eines Jahres werden 270 000 Bestellungen für einen Volkswagen aufgenommen. Das ist mehr als die doppelte Jahresproduktion der Firma Opel, die bis dahin die größte deutsche Automobilfirma war. Auf der Berliner Automobilausstellung im Frühjahr 1939 wird der KdF-Wagen der Öffentlichkeit vorgestellt. Er ist eine Sensation.

VW Kübelwagen Typ 82

Technische Daten Typ: 82
Es wurden einige Versuchswagen gebaut.

Baujahr: 1939, Zylinderanordnung: Vierzylinder-Boxermotor (luftgekühlt).
Bohrung / Hub: 70 / 64 mm, Hubraum: 985 ccm, max. Drehzahl: 3000 / 3200 U/min.
Leistung: 24 PS, Getriebe: Viergang, Federung: Drehstab vorn und hinten,
Radstand: 2400 mm, Spurweite vorn / hinten: 1356 / 1356 mm,
Bereifung: 5,25 - 16 Zoll, Leergewicht: 650 kg. Höchstgeschwindigkeit: 80 km/h.

Journalisten aus aller Welt machen Probefahrten, und die Propagandamaschinerie läuft auf Hochtouren.
In ganz Deutschland fahren jetzt die KdF-Wagen um Käufer zu werben. In dem Prospekt für den KdF-Wagen heißt es: Der sehr widerstandsfähige Vierzylinder-Motor ist äußerst unempfindlich in Bezug auf Außentemperatur und Wartung, sehr sparsam, und seine Luftkühlung ermöglicht ohne besondere Schutzmaßnahmen den Verzicht auf Garagen auch im Winter. Vier Getriebegänge gestatten seine beste Ausnutzung in jedem Gelände und volles Ausfahren des Wagens auf der Reichsautobahn.
Im Oktober desselben Jahres sollen die ersten 500 Wagen ausgeliefert werden.
Doch dazu kommt es nicht, denn im September 1939 beginnt der Zweite Weltkrieg, und das zu zweidrittel fertiggestellte Volkswagenwerk wird jetzt für Rüstungsaufträge gebraucht.

Hitler hat Porsche bereits im August 1939 gebeten ein Militärfahrzeug zu konstruieren. Porsche hat schon damit gerechnet und entwickelt ein auf dem Volkswagen basierendes Fahrzeug. Es soll auf unterschiedlichstem Gelände fahren und vier Soldaten mit Gepäck transportieren können. Der Karosseriebauer Kommenda entwirft eine Karosserie. Die Pläne dazu sind im Dezember 1939 fertig.

1940

Da das Volkswagenwerk in seinem ersten Bauabschnitt fertig ist, kann mit der Produktion des Kübelwagen, so wird das Militärfahrzeug genannt, begonnen werden. Im März 1940 werden die ersten Kübelwagen an das Heer ausgeliefert.Seit den ersten Kriegstagen hat man die italienischen Arbeiter wieder nach Hause geschickt und arbeitet jetzt mit Kriegsgefangenen und Zwangsarbeitern. Zeitweilig beschäftigt das Werk nun 10 000 Arbeiter und Angestellte. Die Bauarbeiten in Wolfsburg werden praktisch eingestellt. Der Fahrzeugbau geht nur schleppend vonstatten. Während des ganzen Krieges werden dort nur etwa 100 000 Fahrzeuge hergestellt, davon aber nur insgesamt 1 206 KdF-Wagen.

1941

Die Produktion des KdF-Wagens beginnt am 11. 7. 1941.
Es werden 42 Stück vom Typ 60 (Deutscher Volkswagen) produziert.

**Kommandeurswagen Typ 287, Karosserie vom Kdf-Typ 60
4 x 4 Geländewagen (im VW-Museum).**

VW Schwimmwagen Typ 166

Technische Motor-Daten Typ: 166
Schwimmfähiger Kübelwagen mit zuschaltbarem Allradantrieb und Antriebsschraube.
Baujahr: 1940, Zylinderanordnung: Vierzylinder-Boxermotor (luftgekühlt).
Bohrung / Hub: 75 / 64 mm, Hubraum: 1131 ccm, max. Drehzahl: 3000 / 3200 U/min.
Leistung: 25 PS, Getriebe: Viergang, Federung: Drehstab vorn und hinten, Radstand: 2400 mm. Spurweite vorn / hinten: 1356 / 1360 mm. Bereifung: 5,25 - 16 Zoll, Leergewicht: 900 kg. Höchstgeschwindigkeit: 80 km/h (Land) 10 km/h (Wasser).

1942
Vom 26. 1. bis 2.11 werden 161 Stück vom Typ 60 und 12 Stück vom Typ 92 (Fahrgestell Typ 82, KdF-Boden und KdF-Karosserien) fertiggestellt.

1943
Im Volkswagenwerk wird während des Krieges hauptsächlich für die Rüstung gearbeitet. Hier werden Teile für Flugzeugmotoren, Teile für die V-2 Raketen, Minen und Handgranaten hergestellt. Unter anderem werden 1 500 000 primitive Heizöfen an die Wehrmacht im bitterkalten Rußland geliefert.

Das macht das Volkswagenwerk zu einem Hauptziel für die Angriffsflüge der Alliierten. Der schlimmste Angriff findet in der Nacht vom 8. auf den 9. April 1943 statt.

Das Werk brennt tagelang, und die Angriffe dauern über drei Wochen.
Trotzdem werden vom 13. 1. bis 31. 12. 306 Volkswagen vom Typ 60, 89 Stück vom Typ 92 und 343 Stück vom Typ 82E (Deutscher Volkswagen für Geländezwecke) hergestellt.

1944

Am 20. Juni 1944 werfen 30 Jagdbomber und 90 Bomber rund 500 Bomben auf das Volkswagenwerk ab. Viele Arbeiter werden getötet und noch mehr verletzt. Der größte Schaden aber entsteht, als ein von der Luftabwehr abgeschossener englischer Bomber auf das Werk stürzt und explodiert.
Der letzte Angriff auf das Volkswagenwerk wird am 5. August 1944 geflogen.

In der Zeit vom 4. 1. bis 17. 8. werden noch 133 Volkswagen vom Typ 60 und 120 Volkswagen vom Typ 82E gebaut.

Außerdem werden Kübelwagen, Schwimmwagen, Kommandeurwagen, spartanisch ausgerüstete Militär-Volkswagen, Ketten-Kübelwagen und Kübelwagen mit Holzgenerator hergestellt.

Die Sparer erhalten während des Krieges kein einziges KdF-Auto, obwohl bis zum Jahre 1940 ca. 300 000 Bestellungen mit Einzahlungen von etwa 280 Millionen Reichsmark vorliegen. Es wird auch niemals ein KdF-Wagen an einen Sparer ausgeliefert.

(Das Geld ist aber auch nicht für mitlitärische Zwecke verbraucht worden. Es liegt auf der Berliner Arbeiterbank, wo die Russen es nach Kriegsende kassieren.
Das Volkswagenwerk entschädigt die Sparer nach 11jähriger Gerichtsverhandlung 1961 mit 100,- DM in bar oder einem Rabatt von 600,- DM beim Kauf eines neuen Käfers.)

1945

Das Werk ist nur noch ein Trümmerhaufen.
Im Mai 1945 ist der Krieg vorüber. Am 30. Mai wird Porsche verhaftet und bleibt bis zum 11. September auf Schloß Kranzberg in der Nähe von Bad Nauheim.
Im November wenden sich französische Offiziere an ihn. Er stellt ihnen einige Tage später seinen Volkswagen vor. Doch die französische Automobilindustrie hat davon gehört und schaltet die Polizei ein.

Porsche wird ein zweites Mal verhaftet. Er kommt in ein Gefängnis in Baden-Baden.
Am 3. 5. 46 wird Porsche per Auto von Baden-Baden nach Paris gebracht.
Erst am 1. August 1947 wird er wieder entlassen und kann zu seiner Arbeit zurückkehren. Doch die Gefangenschaft hat ihn gezeichnet. Er ist von nun an ein kranker Mann.

Obwohl die Entwicklung des Volkswagens bis zur Serienreife schon vor Kriegsbeginn praktisch abgeschlossen ist, bringt der harte Fronteinsatz eine ganze Reihe weiterer Erkenntnisse und Verbesserungen. Trotzdem bereitet die Produktionsaufnahme nach dem Krieg außerordentliche Schwierigkeiten.
Das Werk ist durch Bombenangriffe zu 60% zerstört worden, und es fehlen nicht nur Fachkräfte, sondern auch die für den Autobau notwendigen hochwertigen Werkstoffe.

Das Volkswagenwerk liegt in der britischen Besatzungszone, und eine von den Briten bestellte Stadtverordnetenversammlung ernennt die KdF-Stadt am 25. Mai 1945 zur Stadt Wolfsburg.
Das Volkswagenwerk wird kurzerhand in „Wolfsburg Motor Works" umbenannt.

Das Firmenvermögen wird von der Militär-Regierung beschlagnahmt.
Im Werk arbeiten noch ca. 9 000 Menschen.
In der Stadt Wolfsburg vegetieren 17 000 Menschen zum Teil in Baracken. Es gibt kaum etwas zu essen, und die Lage ist schlimm.

Im August 1945 wird von der britischen Militärregierung Major Ivan Hirst von der REME-Truppe nach Wolfsburg abkommandiert um in erster Linie zu prüfen, ob es noch Möglichkeiten gibt die Produktion wieder aufzunehmen. Sein unmittelbarer Vorgesetzter ist Oberst C. R. Radclyffe. Eine kleine britische Abordnung ist schon an Ort und Stelle, um Lastwagen-Reparaturen zu überwachen.

Nachdem Hirst das zerstörte Werk inspiziert hatt, stellt er fest, daß die Pressen und Werkzeuge für den KdF-Wagen noch vorhanden sind. Er findet auch noch ein im Krieg produziertes Exemplar davon. Dieses wird khakigrün umlackiert, und Hirst schickt es an das britische Hauptquartier als Demonstrations-Modell. Eine Woche später liegt ihm eine Bestellung von 20 000 Wagen vor.

Das ist der Neuanfang.

Doch die Produktion wird zu einem fast unüberwindlichen Problem. Unter anderem ist der Vorrat an Vergasern von Solex schnell aufgebraucht, und man benutzt Teile aus einer Braunschweiger Kamerafabrik, um Vergaser herzustellen.
Die Chassis werden noch von den Kübelwagen genommen.
Da man keine großen Bleche ziehen kann, werden für das Dach zwei oder drei Bleche zusammengeschweißt. Für den Innenausbau wird Fischleim verwandt, der einen unangenehmen Geruch verbreitet. Außerdem riecht es dauernd nach verbranntem Öl, da die Ölkühler nicht dicht sind. Trotz all dieser Schwierigkeiten werden von August bis zum Jahresende 1785 Volkswagen produziert. Sie gehen hauptsächlich an die Besatzungsmacht, aber auch an die deutsche Reichs-Post.

Hergestellt werden vom Typ 60 (später Typ 11) 485 Stück und vom Typ 51 (vorher Typ 82E) 1300 Stück.

1946

Im Jahre 1946 werden 10 020 Volkswagen produziert.
Fahrgestellnummer von 53 815 bis 63 796.

Langsam normalisiert sich die Lage wieder. Die Arbeit in den ,,Wolfsburg Motor Works" wird hauptsächlich von ehemaligen deutschen Kriegsgefangenen verrichtet, denen die Arbeit von der CCG (Central Commission for Germany) angeboten worden ist. Viele von ihnen kommen aus den ehemaligen deutschen Ostgebieten und haben hier keine Angehörigen.

Eines der Hauptprobleme ist die hohe Fluktuationsrate der Arbeiter und der ständige Wechsel des deutschen Managements. Seit Anfang des Jahres findet eine Entnazifizierung statt, in deren Zuge viele leitende Angestellte entlassen werden (jedem Ex-Nazi wird verboten eine Aufsichtsposition über andere Deutsche innezuhaben). Die Deutsch-Amerikaner, die Porsche aus den USA geholt hat, sind als Amerikaner in ihre Heimat zurückgekehrt.

Aber trotz aller Probleme gelingt es in diesem Jahr die Produktion zu steigern. Am 14. Oktober 1946 rollt der 10 000. Volkswagen vom Band. Die meisten werden servicegrün lackiert. Etwa 50 Wagen werden in brauner Farbe an die Russen geliefert. Weitere 50 Wagen in blauer Farbe gehen an die Royal Air Force, und etwas über 100 Wagen wurden in hellgrau an die französische Besatzungsmacht ausgeliefert. Eine große Menge dunkelgrauer Käfer erhalten die Amerikaner. Ende des Jahres werden die ersten zwei Volkswagen exportiert. Sie werden nach London gesandt, um zu prüfen, ob es in Großbritannien einen Markt für den Käfer gibt.

1947

Im Jahre 1947 werden 8 987 Wagen produziert.
Von Fahrgestellnummer 63 797 bis 73 743, davon werden 1 656 exportiert.

Am Anfang des Jahres ruht die gesamte Produktion der ,,Wolfsburg Motor Works", weil keine Kohlen zu bekommen sind. Das Energieproblem wird gelöst durch den Eintausch eines Käfers gegen eine Zugladung Kohlen. Auf der Hannover-Messe 1947 werden die ersten Käfer vorgestellt. Der Verkaufspreis liegt bei ca. 5000 Reichsmark. Bis in die Mitte der fünfziger Jahre entwickelt sich dann der Preis für das Käfer-Standard-Basis-Modell mit 25 PS folgendermaßen:

1946:	4150 R-Mark
1947:	5000 R-Mark
1949:	5300 D-Mark
1950:	4800 D-Mark
1951:	4600 D-Mark
1953	4150 D-Mark

(Einführung des 30-PS Modells)

1954: 3950 D-Mark
1955: 3790 D-Mark

Um als Zivilbürger einen Käfer kaufen zu können, muß man ein von den örtlichen Behörden genehmigtes Papier vorweisen.

Gegen Zigaretten oder andere Tauschwaren bekommt man so einen Schein aber auch auf dem Schwarzmarkt.

In großen deutschen Städten gibt es schon Autohändler, die Käfer in ihren Ausstellungsräumen vorstellen. Die ersten Ersatzteile und Standardaustauschteile sind im Handel.

Für die „Wolfsburg Motor Works" gibt es zu dieser Zeit viele Interessenten; unter anderen auch Henry Ford II. und Sir William Roots. Doch keiner wollte das Wagnis eingehen und hier den Volkswagen produzieren. Roots glaubt nicht an den Käfer und erklärt gegenüber Major Hirst, der noch immer das Werk verwaltet: „Wenn Sie glauben diesen Wagen wieder produzieren zu können, so sind Sie verrückt!" Ford dagegen lehnt mit einem Blick auf die Landkarte ab - die von den Russen besetzte Zone liegt nur einige Kilometer entfernt .

In diesem Jahr werden folgende Veränderungen am Käfer vorgenommen:
Die Schlußlichter erhalten einen verchromten Ring mit eingestanztem VW-Zeichen.
Die Radkappen werden geändert und erhalten ein großes geprägtes VW-Zeichen.

Seit dem 8. August 1947 sind die Brüder Pon VW-Generalimporteure für die Niederlande. Sie bestellen bereits im ersten Jahr 1000 Käfer, von denen aber nur 56 geliefert werden können.
Einige Käfer werden auch nach Großbritannien eingeführt. Ein aus Surrey stammender Motorenhändler, John Colborne-Baber, erhält die erste Importerlaubnis.

Gegen Ende des Jahres 1947 führen Oberst Radclyffe und Major Hirst intensive Gespräche mit einem Fachmann, der bis zum Ende des Krieges Direktor eines Opel-Lastwagen-Werkes in Brandenburg gewesen ist.

Sein Name ist Heinrich Nordhoff.
Eigentlich suchten die beiden Herren einen zweiten Mann, sind aber von den Fähigkeiten Nordhoffs so überzeugt, daß sie ihm den Posten des Generaldirektors anbieten.

1948

19 244 Volkswagen werden 1948 hergestellt.
Von Fahrgestellnummer 72 744 bis 91 921.
4 464 werden davon exportiert, um die lebenswichtigen Devisen zu bekommen.
Sie wurden nach Holland, Belgien, die Schweiz und Luxembourg geliefert.

Am 1. Januar 1948 übernimmt Dipl. Ing. Heinrich Nordhoff die Leitung des Volkswagenwerkes. In ganz Deutschland gibt es nichts Vergleichbares. Ein zerstörtes Werk soll unter seiner Leitung einen Wagen bauen, der politisch stark vorbelastet ist, für den es zwar möglicherweise einen großen Bedarf, aber kein Geld gibt, und für den sich außerhalb des Werks kaum jemand engagiert, denn eine Vertriebsorganisation für diesen Wagen hat es aus politischen Gründen während der dreißiger Jahre nicht gegeben.
Nordhoffs Engagement für Werk und Wagen wird beispielhaft für die Entwicklung, die nun in Deutschland beginnt. Selbstvertrauen ist in das Werk eingezogen, und Nordhoff läßt keine Gelegenheit aus, das zu dokumentieren.

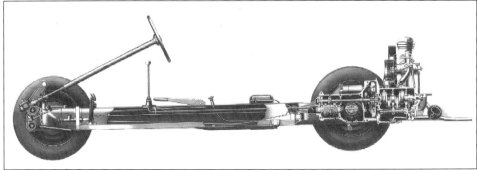

VW Limousine, sie wurde in dieser Ausführung von 1945 bis 1948 gebaut.

So werden auf seine Weisung hin zwei Schilder entfernt: eines von einem Parkplatz, das die Aufschrift trägt: ,,Nur für britische Offiziere"; das andere steht außerhalb des Werksgeländes und lautet: ,,Wolfsburg Motor Works".
Er tauscht es gegen ein deutsches Schild aus: **Volkswagenwerk**.
So spricht man denn in der Folgezeit auch viel von einem ,,deutschen Wirtschaftswunder"; aus einem total zerstörten Land entwickelt sich eine wirtschaftliche Blüte, die Erstaunen und Bewunderung und manchmal auch Neid in aller Welt erregt.

Und wenn man vom Wirtschaftswunder sprach, meinte man meist synonym das Volkswagenwerk, das zum deutschen Wirtschaftsbarometer schlechthin wurde.
Als Nordhoff beginnt werden schon für einige Kriterien, die später den besonderen Vorteil von Volkswagen ausmachen sollen, die Grundsteine gelegt; Händler-Service und gute Ersatzteilversorgung sind im Aufbau begriffen. Nordhoff setzt auf ein gut funktionierendes Service-Netz und beginnt den Markt zu erobern.

Zunächst müssen die Schäden an Gebäuden und Maschinen beseitigt werden, dann gilt es Partner in Deutschland und in aller Welt zu finden, die dieses merkwürdige Auto verkaufen wollen.

Heinrich Nordhoff gelingt beides durch seine motivierende Persönlichkeit.

Der 20. Juni 1948 bringt Deutschland die Währungsreform. Dies bedeutet endlich wieder stabiles Geld für die Wirtschaft. Die Deutsche Mark ersetzte die Reichsmark.
Der Marshall-Plan bringt im gleichen Jahr Millionen Dollars zu Aufbauzwecken in westdeutsche Firmen.
Bereits 1 500 Volkswagen werden 1948 an Privatpersonen verkauft.

Am 17. September unterzeichnete Nordhoff einen Vertrag mit Ferry Porsche, dadurch werden die gegenseitigen Beziehungen aus der Zeit vor dem Krieg wieder aufgenommen und Porsche erhält für jeden gebauten VW-Käfer eine Lizenzgebühr von 1 DM. Die Firma Porsche wird wieder zum technischen Berater des Volkswagenwerks und erhält außer einer Zahlung von 200 000 DM auch eine vertragliche Zusicherung über die Belieferung mit VW-Teilen für die Herstellung des mittlerweile entstandenen Sportwagens Porsche 356.

Nordhoff schafft in seinem ersten Jahr bereits mehr als eine Verdoppelung der Produktion. Das Werk vertreibt Cabrios von Hebmüller und von Karmann.
8300 Mitarbeiter des Volkswagenwerks sehen jetzt wieder etwas mehr als den berühmten Silberstreif am Horizont; der im Jahr 1949 dann ganz aufklärt, als die letzten düsteren Wolken mit der Entlassung des Werks aus der alliierten Kontrolle gänzlich verscheucht werden.

Geändert wird in diesem Jahr am Käfer folgendes:
Die Aufnahme für den Wagenheber wird viereckig.

1949
Im Jahr 1949 werden 46 154 Volkswagen produziert.
Von Fahrgestellnummer 91 922 bis 138 554.

Typ 11 bis 2.Juni, danach
Typ 11A (Standard),
Typ 11B (Deluxe/Export),
Typ 11D (Deluxe/Export, Rechtsl.),
Typ 14A (Zweisitzer-Cabrio),
Typ 15A (Viersitzer-Cabrio),
Typ 15B (Viersitzer-Cabrio Rechl.).

Der 50.000. Volkswagen verläßt am 13. Mai 1949 das Montageband.
Am 2. 6. 49 beginnt die Produktion der VW-Export-Limousine.
Am 3. 6. 49 wird mit dem Bau des VW-Cabriolet begonnen. Gleichzeitig wird eine weitere Cabriolet-Ausführung von Hebmüller in Wülfrath gebaut.
Am 7. 9. 1949 wird die Bundesrepublik Deutschland gegründet. Endlich gibt es auch wieder stabile politische Verhältnissse.

1. 7. 1949. Export-Modell, Hochglanzlackierung, Chromzierstreifen.
Das vordere Haubenschloß ist nun von innen zu öffnen.

Das Volkswagenwerk wird offiziell von der Allierten Militärregierung der Bundesregierung übergeben. Diese beauftragt das Land Niedersachsen mit der Wahrnehmnung ihrer Rechte. Damit geht eine vierjährige Periode der Unsicherheit für das Volkswagenwerk zu Ende.
Eine betriebliche Altersversorgung für die Mitarbeiter des Volkswagenwerks wird eingeführt. 9 497 Mitarbeiter gehören zur Belegschaft.

Der Käfer befriedigt nun das Bedürfnis vieler Menschen nach einem preiswerten, wirtschaftlichen, komfortablen und zweckmäßigen Auto. Die Versprechungen der Politiker in den dreißiger Jahren werden nun endlich, unter anderen Voraussetzungen, Wirklichkeit.

Wer gehobenere Ansprüche stellt, kann ab 1949 die luxuriöse Export-Limousine kaufen, wer es „oben ohne" liebt, dem bietet das Karmann- oder Hebmüller-Cabriolet die Erfüllung seiner Träume. Das Volkswagenwerk hat einen Marktanteil im Inland von 49,3%, es exportiert in 7 Länder.

Obwohl nun schon eine Verdoppelung der Produktion stattgefunden hat, müssen hohe Investitionen getätigt werden, um die Produktion auch weiterhin steigern zu können; und der Export ist der Schlüssel, mit dem man die nötigen modernen Maschinen aus den USA erwerben kann. Es werden auch schon die ersten Verbesserungen durchgeführt. Umgestaltete Kühlrippen und bessere Zylinderköpfe gehören dazu. Gleichzeitig verlängert eine höhere Phosphorkonzentration, im Gußmaterial, das Leben der Zylinder.

Folgende Änderungen gibt es in diesem Jahr:
Neues System zum Öffnen der Vorderhaube per Seilzug, vom Innenraum aus zu betätigen (statt eines Griffs in L-Form, identisch mit dem der Motorhaube).

Neue Profil-Stoßstangen und neue Hörner. Das symmetrisch gestaltete Armaturenbrett, auf dessen linker Seite der Tacho montiert ist und auf dem sich seit 1946 das VW- Emblem befindet, wird jetzt vorgebohrt und hat eine schwarze Bakelitplatte wie auf der Fahrerseite.

Neuer Benzintank mit 40l (statt 32), der Reservehebel wird von rechts in die Mitte der Trennwand unter dem Armaturenbrett plaziert.
Neue Radkappen mit kleinerem VW-Zeichen, neue Schlußleuchten ohne Chrom, neuer rechteckiger Rückspiegel (nicht mehr oval).
Der Handkurbelstart wird als Option angeboten.
Die Handschuhfächer aus Stahl werden durch solche aus Karton ersetzt und mit einer Aluminium-Zierleiste eingerahmt.
Der Tacho wird umgestaltet (VW-Zeichen verschwindet).

1. Juli:
Offizielle Einführung des Modells Deluxe/Export mit seitlichen Chromleisten, Kofferraumdeckel und Trittbrett sowie VW-Zeichen in Alu auf der Motorhaube.
Alle Stoßstangen, die Türgriffe, die Scheinwerfer und die Radkappen sind verchromt.

Die bisher in die Motorhaube eingeprägte Kennzeichenhalterung verschwindet.
Im Wageninneren werden das Dreispeichen-Lenkrad, die beiden Tachohalterungen aus Bakelit und alle Knöpfe elfenbeinfarben (beim Standardmodell bleiben sie schwarz).

Eine zum Kilometerzähler passende Uhr wird symmetrisch auf die Mitte der Bakelithalterung montiert.

Die Sitze erhalten zur Sitzverstellung Führungsschienen (beim Standardmodell erfolgt die Befestigung noch mit Flügelmuttern).

Die vorderen Stoßdämpfer werden geändert.

1950

Das Volkswagenwerk schreibt schon Erfolgszahlen.
81 979 Volkswagen werden im Jahre 1950 in Wolfsburg hergestellt.
Von Fahrgestellnummer 138 555 bis 220 133.

Der 100 000. Volkswagen verläßt am 4. März 1950 das Produktionsband.
Wesentliche Verbesserungen werden am Motor vorgenommen.
Das Exportmodell erhält hydraulische Bremsen.
Das VW Standard-Modell kostet 4 800 DM, das Export-Modell 5 450 DM.

In Brasilien und Irland beginnt man Volkswagen aus in Deutschland zerlegten CKD-Fahrzeugen (CKD = completely knocked down) zu montieren.
Dies ist der Anfang der weltweiten Volkswagen-Produktionsstätten.
Im Februar 1950 rollt der erste Volkswagen-Transporter vom Montage-Band.
Zunächst werden 10 Wagen pro Tag gefertigt.

Der VW-Transporter ist ein völlig neuer Wagen-Typ und erhält im Laufe der Zeit einen eigenen Markt. Die Firma Westfalia erkennt die Chance des neuen kleinen Lasters und baute die ersten Campingwagen.

In Wolfsburg sind unter Mithilfe des Werkes 1100 Wohnungen entstanden. Die Barakken verschwinden aus dem Stadtbild. Das Werk beschäftigt nun 13 305 Mitarbeiter.

Schon 1950 ist der Porsche 356 ein Verkaufsschlager, das Unternehmen Porsche steht in voller Blüte. Ferdinand Porsche hat zu diesem Zeitpunkt allerdings nur noch wenige Monate zu leben. Im Oktober dieses Jahres besucht er das Volkswagenwerk und sieht seine Ideen verwirklicht. Er sagt zu Nordhoff:" Genauso habe ich mir dieses Auto vorgestellt. bloß wußte ich nicht, daß ich recht hatte, bis Sie es bewiesen." Einen Monat später, im November wohnt er als Ehrengast der Hochzeit seines Neffen Herbert Kaes bei. Die Feier im Kabarett Mausefalle in Stuttgart dauert bis tief in die Nacht, als Porsche von einem Unwohlsein befallen wird. Er möchte nach Hause gebracht werden. Sein Neffe setzt sich ans Steuer und rast in die Nacht hinaus. Aber Porsche erholt sich nicht mehr. Ferdinad Porsche war ein außergewöhnlicher Ingenieur und einer der Hauptakteure, die die Automobilgeschichte dieses Jahrhunderts geschrieben haben.

April 1950. Zugfreie Belüftung (Aussparung in den Seitenscheiben), Fertigungsbeginn des Schiebedaches.

Folgende Veränderungen werden am VW-Käfer vorgenommen:
Die Gitter der Hupe sind jetzt aus poliertem Aluminium.
Der Motor erhält einen automatischen Kühlungsregler.
Die Modelle Deluxe/Export sind serienmäßig mit Hydraulikbremsen ausgestattet, nur die Hebmüller Modelle behalten ihre Seilbremsen wie die Standardmodelle.
Die Deluxe erhalten auch ein neues elfenbeinfarbenes Zweispeichenlenkrad.

Die Karmann- Cabrios werden unter der Windschutzscheibe verstärkt, deshalb muß der Winker vom Werk hinter die Tür verlegt werden.

Vom 3. April an werden zur besseren Belüftung die vorderen Seitenscheiben geändert.
Ab Mai neuer Tank.
Der Heizungshebel, der bisher beim Schalthebel plaziert war, wird verlegt.
Er liegt jetzt hinter der Handbremse.
Ab April 1950 ist sowohl für den Standard- wie auch für den Export-Käfer ein Faltschiebedach lieferbar.

1951

1951 werden 105 712 Wagen produziert, 93 709 Käfer und 12 003 Transporter.
Von Fahrgestellnummer 220 134 bis 313 829.
Der billigste Käfer kostet 4 600 DM.

Am 30. Januar 1951 verstirbt Dr. h.c. Ferdinand Porsche im 76. Lebensjahr.

Die Nachricht seines Todes verbreitet sich wie ein Lauffeuer unter seinen Freunden und Bekannten sowie in Wolfsburg, der Volkswagen-Stadt. Sie löst allgemeine Betroffenheit und große Anteilnahme aus. Die Stadt Wolfsburg und mit ihr das Volkswagenwerk trägt Trauer. Sie verdankt doch nicht zuletzt Dr. Porsche ihre Lebensgrundlage und viele neue Arbeitsplätze für ihre Bewohner. So erhält dann auch einige Tage später die größte Straße von Wolfsburg den Namen „Porsche Straße".

Am 5. Oktober läuft der 250 000. Volkswagen vom Band und wird unter der Belegschaft versteigert. In einer Ansprache zur Feier des Tages sagt Nordhoff der Belegschaft:" Ihr habt diesen Wagen gebaut, Euch soll er gehören!"

Der Export bringt Erlöse in Höhe von 121,6 Millionen DM. 35 742 Volkswagen werden jetzt in 29 Länder exportiert.

In der Bundesrepublik sind inzwischen 729 VW-Vertragshändler etabliert. Die Idee eines kompletten Kundendienstes macht sich bezahlt: Immer mehr Kunden vertrauen auf den sprichwörtlichen VW-Service.

Folgende Veränderungen werden in diesem Jahr vorgenommen:
Die Deluxe-Limousinen, die Faltschiebedach-Modelle und das Cabrio erhalten einen Aufkleber mit dem Wappen der Stadt Wolfsburg, der sich genau oberhalb vom Kofferraumgriff befindet.
Die gleichen Modelle haben jetzt vorn zwei zusätzliche Lüftungsschlitze.
Teleskopstoßdämpfer ersetzen die Schwingungsstoßdämpfer.

Die Deluxe-Modelle erhalten eine verchromte Leiste um die Windschutzscheibe.

6. 1. 1951. Der Käfer erhält in den vorderen Seitenteilen seitliche Ventilationsklappen (im Volksmund „Rheumaklappe").

1952
Die Gesamtzahl der gebauten Käfer beträgt 114 327.
Von Fahrgestellnummer 313 830 bis 428 156.

Die große technische Neuerung des Jahrgangs 1952: Volkswagen Exportmodell und Cabriolet erhalten ein Synchrongetriebe. Für das geräuschlose Wechseln der Gänge ist nun kein Zwischengas und zweimaliges Kuppeln mehr nötig.

Ab Herbst wird als Nachfolger des schon während des Krieges produzierten Stationsmotors der „VW Industriemotor" für stationäre Zwecke produziert und durch eine eigene Verkaufsorganisation auf den Markt gebracht.

Das Werk baut 28,7% mehr Volkswagen als im Vorjahr. 41,4% aller Käfer werden exportiert.
In die Niederlande wird der 10 000. Volkswagen eingeführt.
Die hohe Qualität von Volkswagen dokumentieren 2000 Käfer im September in Erbach. Alle diese Autos sind mindestens 100 000 km mit ein und demselben Motor gefahren.

Oktober 1952. Reifen 5,60-15, Schwenkfenster, geänderte Stoßfänger und hörner, zwei Bremsleuchten, kombiniert mit Schlußlichtern und Rückstrahlern.

Die Geschichte des Käfers 51

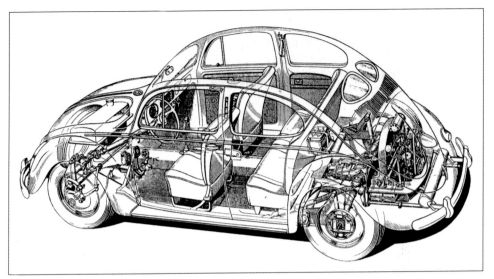

Phantombild des VW Käfer mit kleiner Heckscheibe „Brezelfenster".

Verändert wird:
Außen: Neue Schlußlichter (Herzform), Motorhaube, Nummernschild-Beleuchtung, Vorder- und Motorhaubengriff (T-Form), Chromleisten, Hupengitter (oval), Stoßstangen (glatt), Aluminiumleisten an den Seitenfenstern.

Innen: Neues Armaturenbrett, Tacho (gegenüber vom Fahrer), Lenkrad, Handschuhfach (mit Tür und Druckknopf), Rückspiegel mit abgerundeten Ecken.
Nur noch drei Kurbelumdrehungen, um die Seitenfenster herabzudrehen (früher zehn).
Der Anlasserknopf wird vom Chassis auf das Armaturenbrett verlegt, Innenbeleuchtung von hinten nach links, neuer Heizungshebel und neue elektrische Verdrahtung.
Motorraum jetzt schallgedämpft.
Schaltgetriebe mit 2., 3. und 4. Gang synchronisiert. Felgen 3 x 16 werden ersetzt durch 4 x 15.

Vorne verlängerte Stoßdämpfer wie Drehstäbe hinten, jedoch reduzierter Durchmesser von 25 mm auf 24 mm.

Technische Motor-Daten
Vierzylinder Boxermotor (luftgekühlt), Bohrung / Hub: 75 / 64 mm,
Hubraum: 1131 ccm, max. Drehzahl: 3000 / 3200 U/min, Leistung: 25 PS,
Getriebe: Viergang, Federung: Drehstab vorn und hinten, Radstand: 2400 mm,
Spurweite vorn / hinten: 1356 / 1360 mm, Bereifung: 5,60/15 Zoll,
Leergewicht: 820 kg, Höchstgeschwindigkeit: 100 km/h.

1953

**Insgesamt werden 147 257 Käfer produziert, davon 26 794 Brezelfenster und 120 463 mit ovalem Fenster.
Von Fahrgestellnummer 428 157 bis 575 414.**

Ein wichtiges Datum in der Geschichte des Käfers ist der 10 März.
Ab Fahrgestellnummer 1- 0 454 951 entfällt beim hinteren Fenster der Mittelsteg.
Das neue durchgehende Fenster ist um 23 Prozent größer.

Am 18. März ist die Eröffnung der IAA in Frankfurt.
Das Volkswagenwerk präsentiert sein gesamtes Programm.

Die Gründung von Volkswagen do Brasil am 23. 3. bringt eine zusätzliche Entlastung der deutschen Volkswagenproduktion. Was für Brasilien gilt, hat gleichermaßen auch für Südafrika, Australien und Mexiko seine Bedeutung. Überall wird das wirtschaftliche Engagement des deutschen Unternehmens willkommen geheißen und fällt auf fruchtbaren Boden. Von Deutschland aus werden aber, trotz der Montagewerke im Ausland, immer mehr Länder mit Volkswagen versorgt.
Gut die Hälfte der Produktion wird von fremden Märkten aufgenommen.

März 1953. Rückfenster vergrößert und ohne Mittelsteg.

**Phantombild des VW Käfer mit vergrößerter Heckscheibe.
Der Motor hat jetzt 1192 ccm, die Leistung steigt von 25 auf 30 PS.**

Das bedeutet, daß die Nachfrage im Inland immer weniger befriedigt werden kann. Lieferfristen von bis zu zwei Jahren sind an der Tagesordnung.

Am 3. Juli läuft der 500 000. Volkswagen vom Band. VW feiert die halbe Million mit einem großen Fest auf dem Werksgelände. Die Belegschaft, inzwischen auf 20 569 Mitarbeiter angestiegen, erhält aus diesem Grunde eine Prämie von 2,5 Millionen DM. Jeder Werksangehörige wird mit 4% seines Jahreseinkommens am Unternehmen beteiligt. Der seit dem 22. Mai 1951 bestehende Beirat wird am 28. August von einem Aufsichtsrat abgelöst.

Wieder steigt die Produktion. VW exportiert in 86 Länder und erlöst damit 254,2 Millionen DM an Devisen. Die durchschnittliche Tagesproduktion liegt bei 673 Wagen.
Folgende Veränderungen finden in diesem Jahr statt:
Auf Wunsch vieler Kunden wird das Brezelfenster durch ein ovales Fenster ersetzt und erhält dadurch 23% mehr Fläche.
Griffe für den Aschenbecher.

*Der Motor mit 1131 ccm wird am 21. 12. 1953 durch einen mit 1192 ccm ersetzt.
Die Leistung steigt von 25 auf 30 PS. (Daten siehe Entwicklung des VW Motors).*
Der Bremsflüssigkeitsbehälter ist jetzt hinter dem Reserverad sichtbar. Der Zündschlüssel ist jetzt kombiniert mit Anlasser, der Anlasserknopf links vom Lenkrad fällt weg.
Die Stange vom Scheibenwischer wird flach.
Die Lichtmaschinen haben jetzt 160 Watt statt bisher 130 Watt.

1954
In diesem Jahr werden 206 884 Käfer hergestellt.
Von Fahrgestellnummer 575 415 bis 718 884.

Im Jahresdurchschnitt werden nun täglich 769 Käfer hergestellt. Im Volkswagenwerk wird zum erstenmal ein Umsatz von über einer Milliarde DM erreicht. Jeder Mitarbeiter des Volkswagenwerkes erhält von nun an jährlich eine Erfolgsprämie.

In Stuttgart treffen sich im Juli 18 000 VW-Fahrer mit 4 800 Jubiläumswagen zum zweiten Treffen der „Hunderttausender"
(Wagen die mit einem Motor mehr als 100 000 km gefahren sind).

Nordhoff erklärt mit Überzeugung, daß nicht an der Entwicklung eines neuen Volkswagens gearbeitet werde, da mit dem Käfer in Wolfsburg ein Auto produziert werde, das unangefochten in Europa an der Spitze stehe. Das Volkswagenwerk steht nun hinter den großen amerikanischen Firmen an vierter Stelle aller Automobilhersteller der Welt.

Am 9. 10. läuft der 100 000. Transporter vom Band.
In Hannover-Stöcken soll ein eigenes Transporterwerk errichtet werden.

Folgendes wird geändert:
Heizungsschlitze sind auf Fußhöhe jetzt rechteckig und nicht mehr rund.
Neuer km-Zähler.
Die Vorderhaube wird durch automatisches Blockiersystem gehalten.
Beseitigung des Schildes „Z-A-R" am Tankreservehebel.

1955
In über 100 Ländern läuft der Käfer und läuft und läuft und läuft.
279 986 Käfer verlassen in diesem Jahr das Werk.
Von Fahrgestellnummer 718 885 bis 929 745.

In diesem Jahr rollen täglich 1000 Käfer vom Fließband. Die Nachfrage in der ganzen Welt nach diesem Auto ist so groß, daß es unmöglich ist, diese durch die Produktion in nur einem Werk zu befriedigen.
Am 1.3. wird in Hannover-Stöcken mit dem Bau des Transporter-Werkes begonnen.

Auf der Fifth Avenue in New York wird am 19. April die „VW of America" gegründet. Der Käfer hat zwar schon in den Staaten Fuß gefaßt, aber die Verkaufszahlen sind Nordhoff noch zu niedrig.

Um den Verkauf in den USA anzukurbeln schickt er seine beiden besten Verkäufer Gottfried Lange und Will van de Kamp in die Staaten, damit sie den Markt prüfen. Und er hat Erfolg. In diesem Jahr werden dreimal so viel Käfer abgesetzt wie in der ganzen Zeit zuvor. Um sich den staatlichen Normen in Amerika anzupassen werden ab August an den Exportmodellen Blinklichter am Heck installiert statt der bis dahin noch üblichen Winker.

Generaldirektor Dr. Ing. h.c. Heinz Nordhoff wird zum Honorarprofessor der Technischen Hochschule Braunschweig ernannt. Er erhält das Große Verdienstkreuz mit Stern der Bundesrepublik Deutschland und wird Ehrenbürger der Stadt Wolfsburg.

Durch die Einführung des Jahresmodells am 1. August 1955 hat das Modell 1955 nur eine Lebensdauer von 7 Monaten, es ist mit dem Modell 1954 identisch.

Am 5. August 1955 wird der Millionste Käfer gebaut: In Gold lackiert steht er vor 140 000 geladenen Gästen und über 1 200 Journalisten aus aller Welt.
Sie feiern mit den Werksangehörigen dieses für die deutsche Automobilproduktion bis dahin einmalige Jubiläum. Als Nordhoff seine Gäste und seine „Arbeitskameraden" mit ihren Familien in dem riesigen Sportstadion der Stadt begrüßt sagt er unter anderem:" Unser Fest war ein Blick in die Welt, die der Volkswagen erobert hat und weiter erobern wird".

Der 1 000 000 Käfer läuft vom Band.
August 1955. Neu: Doppelauspuff, PVC-Schiebedach, neue Brems-, Schluß- und Rückstrahlleuchten an den hinteren Kotflügeln höher angebracht.

Mit dem Produktionsjubiläum werden an der VW Standard- und Exportlimousine viele technische und ausstattungsmäßige Neuerungen vorgestellt und mit einer gleichzeitigen Preissenkung auf den Markt gebracht.
Mit 3790 DM für die Standardausführung und 4600 DM für das Exportmodell erreicht der Käfer den niedrigsten Preis seiner Geschichte.

Bei Karmann in Osnabrück wird der Karmann Ghia vorgestellt. Der Preis beträgt 7500 DM. Es handelt sich um ein zweitüriges Coupé, das von den Styling Studios Ghia in Turin entworfen worden ist. Die Karosserie ruhte auf dem geringfügig verbreiterten Zentralrohr-Plattformrahmen des Exportkäfers. Die attraktive Form macht jedem Sportwagen Konkurrenz ohne eine komplizierte Mechanik oder einen hohen Preis zu haben. Das Jahr verläuft sehr erfolgreich. Über 6000 Neueinstellungen sagen aus, daß die Poduktion immer noch weiter gesteigert wird.

Die wichtigsten Änderungen sind: Neuer Abgasschalldämpfer, Einkammer-Topf mit 2 Auspuffrohren. Die Austrittsrohre sind beim Exportmodell verchromt.
Zündkerzen statt bisher 175 T 1 jetzt 225 T 1. Lenkradform geändert. Speichen jetzt tiefergelegt.
Als neue Farben kommen nilbeige, dschungelgrün, schilfgrün und polarsilber hinzu. Der Gepäckraum vorn vergrößert sich von 70 Liter auf 85 Liter. Die Zahl 1, die bisher allen Fahrgestell- und Motornummern vorangestellt war, entfällt ab 1. August 1955, an dem die „Jahreswagen-Serie" beginnt.
Die US-Käfer werden mit Rammstoßstangen ausgerüstet.

1956
In diesem Jahr werden 316 872 Käfer hergestellt.
Von Fahrgestellnummer 929 746 bis 1 246 618.

Die außergewöhnlichen Produktionszahlen von Volkswagen bringen die deutsche Automobilindustrie an die Spitze aller europäischen Autohersteller und an die zweite Stelle in der Welt.

Am 20. April beginnt im neuen Werk Hannover-Stöcken die Volkswagen Transporter-Produktion.

Volkswagen erwirbt die Aktien des südafrikanischen VW-Importeurs und gründet die „Volkswagen of South Africa Ltd".

Im Werk wird die Wochenarbeitszeit von 48 auf 45 Stunden herabgesetzt.
Die Mitarbeiterzahl in allen Werken steigt auf 35 672.

Am 20. 2 verläßt der 500 000. für den Export bestimmte Volkswagen das Werk. Er wird nach Schweden exportiert.

Änderungen finden jetzt jeweils zum Modellwechsel am 1. August statt. Folgendes wird in diesem Jahr verändert:

Der Benzintank wird flacher, dadurch wird im Kofferraum mehr Platz geschaffen. Erstmals werden 800 Käfer mit schlauchlosen Reifen ausgestattet. Das VW-Zeichen in den Radzierkappen wird von jetzt an schwarz lackiert.

1957
Hergestellt werden in diesem Jahr 353 821 Käfer.
Von Fahrgestellnummer 1 264 619 bis 1 600 439.

Eines der größten Käfer-Import-Länder, Schweden, erhält am 1. 1. den 100 000. Volkswagen. Die Firma Karmann stellt in Osnabrück das neue zweisitzige Ghia-Cabriolet vor. Es kostet 8 250 DM.

In Hannover wird der 300 000. Transporter fertiggestellt.

Auch die Niederlande erhalten in diesem Jahr den 100 000. Volkswagen.

Das Volkswagenwerk kauft in Kassel das Werksgelände von Henschel, um dort zu produzieren.

In Melbourne wird die „Volkswagen Australasia Pty. Ltd". gegründet. Das Volkswagenwerk ist mit 51% beteiligt. Hier soll die Fertigung von Volkswagen mit begrenztem deutschen Lieferanteil erfolgen.

August 1957. Größeres Heckfenster und Windschutzscheibe, neue Form des hinteren Deckels, Kennzeichenleuchte mit wannenförmiger Streuscheibe.

Am 28. 12. 1957 läuft der 2 Millionste Volkswagen vom Band.

Volkswagen beschäftigt nun über 40 000 Mitarbeiter. Der Umsatz überschreitet in diesem Jahr die 2 Milliarden Grenze, woran mit etwas über der Hälfte die Exporte ihren Verdienst haben.

In diesem Jahr werden am Käfer viele Veränderungen vorgenommen. Die Windschutzscheibe und das Rückfenster werden vergrößert. Das Scheibenwischerfeld ist stark erweitert. Die Instrumententafel ist neu gestaltet, und im Innenraum wird nun mehr Kunststoff als Stoff für die Verkleidung und die Fußmatten verwandt. Verbesserungen an der elektrischen Anlage sorgen dafür, daß das Starten bei tiefen Außentemperaturen vereinfacht und die Heizung verbessert wird. Außer dem Standard erhalten alle Modelle eine verbesserte hydraulische Fußbremse. Die Bremsfläche ist jetzt bei gleichem Trommeldurchmesser um 38% größer. Die Motorhaube erhält eine neue Form zum besseren Montieren des Kennzeichenschildes. Die Gasrolle wird durch eine Trittplatte ersetzt.
Beim Motorraumdeckel des Cabrios verlaufen die Schlitze für den Lufteintritt quer.

1958
**407 175 Käfer verlassen die Fließbänder in diesem Jahr:
Von Fahrgestellnummer 1 600 440 bis 2 007 615**

Die Automobilproduktion in Europa wird wiederum erheblich gesteigert. In der Bundesrepublik beträgt der Zuwachs 23,3%. Die Tagesproduktion beim Volkswagenwerk beträgt 2 400 Stück. Seit 1948 werden bei VW Austauschmotore hergestellt. Am 13. 6. verläßt der 250 000. das Werk. Zu dieser Zeit fährt jeder 10. Volkswagen mit einem Austauschmotor. Der komplett neue Motor, eine entsprechende Garantie und die Erneuerung sämtlicher Nebenaggregate sind eine einmalige Leistung in der Automobilbranche.

Im August 1958 erhält der Käfer einen großen Außenspiegel.

Im Volkswagenwerk Wolfsburg wird mit dem Bau eines 13stöckigen Verwaltungshochhauses begonnen. Das Richtfest ist am 19. Juni.

Ein neues Bauprogramm mit einer Investitionssumme von 267 Mio. DM wird in die PKW-Fertigung eingesetzt. Die Automatisierung nimmt allmählich den Platz ehemals bemannter Fließbänder ein. 1948 wurden noch 109 Fließbandarbeiter gebraucht, um einen VW herzustellen, 1958 ist die Zahl auf nur 18 Personen gesunken, obwohl die Qualität weitaus besser ist.

Trotzdem ist der Bedarf an Arbeitern der ständig expandierenden Firma so groß, daß wieder italienische Arbeiter „importiert" werden. Sie leben in einer extra für sie gebauten Siedlung am Stadtrand von Wolfsburg.

In Österreich wird der 50 000. Volkswagen eingeführt.

Im neuen Werk in Kassel beginnt die Aggregateaufbereitung.

Der 400 000. Transporter verläßt das Fließband in Hannover.
Ab November werden nun auch alle VW-Motoren in Hannover hergestellt.

Gravierende Änderungen werden nicht vorgenommen.
Alle Exportmodelle erhalten Magnet-Ölablaßschrauben.
Der Wagenheber bekommt ein Einsteckloch für die Betätigungsstange.
Die Karmann-Ghia Modelle für die USA bekommen zusätzlich Rammstoßstangen.

1959
Insgesamt werden in diesem Jahr 521 051 Käfer hergestellt.
Von Fahrgestellnummer 2 007 616 bis 2 528 667.

Sao Paulo: Am 7. Januar übergibt Professor Nordhoff in Anwesenheit des brasilianischen Staatsprädidenten das neue Werk „Volkswagen do Brasil" seiner Bestimmung. Die Mitarbeiterzahl im Konzern ist insgesamt auf über 54 000 gestiegen.
Pro Tag verlassen 2839 Volkswagen die Bänder.
In Wolfsburg läuft der 3 Millionste Volkswagen vom Fließband.

Prof. Heinrich Nordhoff fordert: „Veränderung nur durch Verbesserung"; eine grundlegende Änderung des Käfers wird gar nicht in Betracht gezogen.

Ein junger Betriebswirt mit Namen Carl Hahn wird von Nordhoff nach Amerika geschickt um VW auf den gleichen Level wie GM zu bringen. Er gründet eine neue Zentrale in Englewood Cliffs, New Jersey und beauftragt die Doyle Dane Berbach Agentur mit der Aufgabe den Verkauf von Volkswagen in den USA zu fördern. Eine neue Werbestrategie wird entwickelt, die kein Traumauto, sondern den „ehrlichen" Käfer besser zeigen soll. Diese Kampagne ist so erfolgreich, daß innerhalb eines Jahres der Verkauf um 50% gesteigert werden kann.

Die wichtigste Änderung in diesem Jahr betrifft den Scheibenwischer. Er ist jetzt aus einem Stück.

Das Fahrwerk erhält eine sogenannte „Porsche-Kur" gegen das Übersteuern.
Der Motor und das Kupplungsgehäuse werden leicht nach vorn geschoben, so daß der Drehpunkt der Pendelachse tiefer gelegt werden kann um das „Handling" zu erleichtern.

Die Vorderachse erhält einen Stabilisator.
Die Türgriffe sind jetzt feststehend mit einer Drucktaste. Ein neues Lenkrad in Tulpenform mit halbkreisförmigen Hupenring löste das vorherige ab.

Im August 1959 erhält der Käfer feststehende Türgriffe mit Drucktaste.

Auch im Motorsport kann der Käfer seine ersten Erfolge verbuchen. Hier im Renneinsatz auf dem Nürburgring.

1960

663 838 Käfer werden in diesem Jahr hergestellt.
Von Fahrgestellnummer 2 528 668 bis 3 192 506.

Die Tagesproduktion beträgt nun 4 000 Volkswagen. Das sind im Monat ca. 80 000 Fahrzeuge. Eine Zahl, die vorher noch nie in Europa erreicht wurde. Trotzdem muß der Kunde in Deutschland immer noch fast 4 Monate auf sein Fahrzeug warten.
Der 4 Millionste Volkswagen verläßt das Fließband.
Der Umsatz des Volkswagenwerks steigt auf 4,6 Milliarden DM.

In West-Deutschland gibt es 1 319 VW-Vertretungen, im Ausland ist das Werk 4 088 mal vertreten.

Am 22. August wird VW zu einer Aktiengesellschaft. Je 20% der Anteile bleiben bei der Bundesrepublik Deutschland und dem Land Niedersachsen.
60% werden als Volksaktien verkauft, wobei die über 50 000 VW-Mitarbeiter Vorzugsrechte haben.

August 1960. Der Käfer wird mit einer neuen Scheibenwaschanlage und asymetrischem Abblendlicht ausgestattet.

Die „Volkswagen France" wird gegründet.
In Hannover läuft der 600 000. Transporter vom Band.
Der 500 000. Volkswagen wird in die USA ausgeliefert.

Einige wichtige Veränderungen werden vorgenommen.
Auch der Standard-Käfer bekommt nun Blinker. Sie werden auf den vorderen Kotflügeln montiert. Die hinteren Blinker werden in einem Gehäuse mit Brems- und Rücklicht zusammengefaßt. Erstmals kommt in allen Wagen eine Scheibenwaschanlage zum Einsatz. Das Emblem auf der Motorhaube mit dem Stadtwappen der Stadt Wolfsburg wird schwarz statt blau.
Die Türinnenverkleidung hat keine Zierleisten mehr.
Der Benzintank ist flacher als sein Vorgänger, was das Volumen des Kofferraums vergrößert. Er hat jetzt 140 Liter Fassungsvermögen statt bisher 85.

Eine kleine Revolution ist die Erhöhung der Leistung von 30 auf 34 PS. Die Mehrleistung ist durch die höhere Verdichtung von 6,6 auf 7,0 : 1 erreicht worden. Der Motor hat einen Solex-Vergaser 28 PICT mit Startautomatik. Ein vollsynchronisiertes Vieganggetriebe, das nicht mehr zweigeteilt ist, rundet die Verbesserungen ab.

Technische Motor-Daten

VW 1200 / 34 PS Motor - Konstruktion: luftgekühlter Viertakt-Vierzylinder-Boxer-Motor im Heck eingebaut. Kurbelgehäuse und Zylinderköpfe aus Leichtmetall, Kurbelwelle vierfach gelagert, zentralliegende Nockenwelle, Ventile parallel hängend, Druckumlaufschmierung.

Bohrung / Hub 77 x 64 mm, Hubraum 1192 ccm, Nennleistung 25 KW/34 PS bei 3600 U/min, Drehmoment max. 84 Nm bei 2000 U/min, Fallstrom-Vergaser.

1961
Produziert werden in diesen Jahr 818 847 Käfer.
Von Fahrgestellnummer 3 192 507 bis 4 010 994.

Der 200 000. Volkswagen für Schweden läuft am 20. 1. in Wolfsburg vom Fließband.

Zum ersten Mal erhält der Käfer eine Konkurrenz im eigenen Haus.
Der VW 1500, der ,,große VW" wird auf der IAA in Frankfurt vorgestellt.
Er hat ebenso wie der Käfer einen luftgekühlten 4-Zylinder-Boxermotor im Heck, allerdings mit 1493 ccm Hubraum und 45 PS. Produziert wird der VW 1500 als Limousine und als Karmann-Ghia-Coupé.

In diesem Jahr wird der 5 Millionste Volkswagen gebaut.
Er wird am 4. 12. fertiggestellt und auf dem Genfer Salon 1962 dem Roten Kreuz übergeben. Zum ersten Mal werden mehr als eine Million Fahrzeuge im Jahr fertiggestellt.
7 000 Aktionäre kommen am 1. Juli zur ersten VW-Hauptversammlung in das Volkswagenwerk nach Wolfsburg.

Im Werk Kassel wird der 500 000. Austauschmotor hergestellt.
Der seit 11 Jahren laufende Prozeß um die Erstattung der Sparbeträge für den KdF-Wagen findet sein Ende. Das Volkswagenwerk schließt einen Vergleich.

Mai 1961: Jetzt mit Zweikammer-Schlußleuchte.

Folgende Veränderungen werden am Käfer vorgenommen:
Der Käfer erhält eine Zweikammer-Rückleuchte.
Eine Tankuhr wird erstmalig eingebaut.
Die Heizungsöffnungen im Fußraum lassen sich nun verschließen, um die Wirksamkeit der Windschutzscheibenentfrostung zu verstärken.

1962
**Im gesamten Jahr werden 835 840 Käfer produziert.
Von Fahrgestellnummer 4 010 995 bis 4 846 835.**

Im Januar wird mit der Fertigung des VW 1500 Variant begonnen.
Er ergänzt die Produktpalette um ein weiteres Modell, das sich durch besondere Funktionalität auszeichnet.

Das Volkswagenwerk beendet die 100 000-km-Aktion, in der über 160 000 Fahrer ausgezeichnet werden, die mit einem Motor mehr als 100 000 km zurückgelegt haben.
Die Gesamtbelegschaft besteht jetzt aus über 70 000 Mitarbeitern.
In Hannover wird der 1 Millionste Transporter fertiggestellt.

Prof. Heinrich Nordhoff eröffnet am 18. Oktober das neue VW-Zentrum in Englewood/Cliffs in den USA. Am gleichen Tag wird der 1 000 000 Volkswagen in die USA eingeführt. 15 Großhändler und 687 Händler sorgen für den Umsatz.

Im VW-Werk laufen nun täglich 3 330 Käfer vom Band.
In diesem Jahr gibt es eine Menge kleiner Verbesserungen.
Ein Kunststoffhimmel löst den bis dahin gefertigten Stoffhimmel ab.
Das Wappen der Stadt Wolfsburg entfällt, dafür sitzt ein VW-Zeichen auf der Haube.
Die Zierleiste wird verlängert. Nun erhalten auch die Standard-Modelle die hydraulische Fußbremse.
Um die Heizung zu verbessern werden Wärmetauscher am Motor eingebaut.

1963

**In diesem Jahr werden „nur" 830 282 Käfer hergestellt:
von Fahrgestellnummer 4 846 836 bis 5 677 118.
Das sind mehr als 5 500 weniger als im Vorjahr.
Die Tagesproduktion liegt durchschnittlich bei 5 229 Fahrzeugen.**

In Westdeutschland gibt es jetzt 1 655 Volkswagenhändler.

August 1963. Stahlkurbeldach, breiteres Gehäuse für die Kennzeichenleuchte.
November 1963. Geänderte Form der vorderen Blinkleuchten.

Durch einen Streik der Hafenarbeiter an der Ostküste der USA liegen 25 Spezialschiffe mit über 30 000 Volkswagen in den Häfen fest. Dadurch muß zum ersten Mal an einem normalen Arbeitstag die Arbeit im Volkswagenwerk eingestellt werden. Der Schaden beläuft sich auf 2 Millionen Mark.

In der Antarktis ist ein Käfer das erste offiziell zugelassene Fahrzeug. Er hat die Nummer ,,Antartika 1". Damit beweist er ein weiteres Mal seine Strapazierfähigkeit und Robustheit. Im Volkswagenwerk Wolfsburg wird eine vollautomatische Montagestraße für VW 1200 Karosserien in Betrieb genommen.

Ab August gibt es ein neues Modell, den VW 1500 S, als Limousine, Variant und Coupé. Er leistet 54 PS, hat 2 Solex-Vergaser und kostet 6 400 DM.
Über 50% des gesamten Autoexportes Westdeutschlands sind Volkswagen. Damit ist der Volkswagenkonzern der größte Auto-Exporteur der Welt.
Mit seinem Umsatz von 6,84 Milliarden DM steht Volkswagen an der Spitze aller Industrieunternehmen der Bundesrepublik Deutschland.

**Zum ersten Mal verringert sich die Produktion von Käfern.
Im Motorsport findet er allerdings mehr und mehr seinen Einsatz.
Hier mit 1300 ccm, 62 PS bei der Anfahrt zum Karussel auf dem Nürburgring.**

Verändert wird in diesem Jahr folgendes:
Beim Export-Modell entfällt das Faltdach und wird durch ein Stahlkurbeldach ersetzt. Die Kennzeichenleuchte erhält eine breitere, leicht gerundete Form.
Ende des Jahres werden auch breitere Blinkleuchten montiert. Wiederum wird das Lenkrad geändert. Es hat jetzt statt des Signalrings Signaltasten. Das VW-Zeichen in den Radkappen ist nur noch geprägt und nicht mehr schwarz lackiert.

1964
Es werden wieder ca. 5 000 Käfer weniger gebaut als im Vorjahr.
Insgesamt werden 825 280 produziert.
Von Fahrgestellnummer 5 677 119 bis 6 502 399.

Am 15 Januar wird in Mexico die „Volkswagen de Mexico S.A. de C.V."
in Puebla gegründet.

Die Inlandsverkaufszahlen sind rückläufig, jedoch der Export boomt weiter.
100 000 rechtsgelenkte Volkswagen haben seit Ende des Krieges den Kanal nach England überquert.

Der ständig wachsende Übersee-Export führt zur Gründung des Werks Emden, in dem am 1. 12. 1964 die Produktion aufgenommen wird. 154,4 Millionen DM werden in das neue Montagewerk investiert.

68 Spezialschiffe liefern vom Automobilhafen Emden aus insgesamt 470 000 Volkswagen in die Exportländer.
Damit hat Volkswagen die größte Charterflotte der Welt.

Das Volkswagenwerk übernimmt von Daimler-Benz 50,4% des Stammkapitals der Auto Union GmbH in Ingolstadt. Im neuen Tochterwerk werden bis 1969 auch Käfer produziert.

Der 25 000 Volkswagen wird von Professor Nordhoff an die Bundespost übergeben.

In Kassel verläßt der 1 000 000. Austauschmotor das Werk.

August 1964. Vergrößerte Fensterfläche, Scheibenwischer in Ruhelage links, Motordeckel mit Druckknopfverschluß.

Am 16. Juni 1964 durchquert eine speziell umgebaute VW-1200-Limousine die Meerenge von Messina.

In Wolfsburg verläßt im Dezember der 8 Millionste Volkswagen das Band.
Mit dem Bau eines Hochhauses für den Entwicklungsbereich in Wolfsburg wird begonnen.

Am 16. Juni 1964 durchquert eine umgebaute VW-1200-Limousine die Meerenge von Messina.

Folgende Änderungen werden vorgenommen:
Alle Fensterflächen werden rundum vergrößert.
Die Sicht wird dadurch erheblich verbessert. Die Sonnenblenden haben eine neue Form.
Auch die Scheibenwischeranlage ist geändert worden. 15 Millimeter längere Wischerblätter vergrößern das Sichtfeld.

Ab August 1964 steht die Zahl 11 für die Limousine, 15 für das Cabrio und 14 für den Karmann Ghia.

Die dritte Ziffer steht für das Produktionsjahr.
Zum Beispiel: 115 ist eine Limousine von 1965.

1965

**Über 100 000 Käfer mehr als im Vorjahr werden hergestellt.
Insgesamt sind es 929 202.
Von Fahrgestellnummer 115 000 000 bis 115 929 202.**

Der modernste Klima-Windkanal Europas wird in Wolfsburg eingeweiht. Hier können Hitze und Kälte vollständig simuliert und damit die Funktionstüchtigkeit der Fahrzeuge erheblich verbessert werden.

Der VW 1300, äußerlich erkennbar an seinem Schriftzug 1300 auf der Heckklappe, ist neu im Programm. Er hat einen 1,3 Liter-Motor und leistet 40 PS.

August 1965. VW 1300 40 PS, mit Lochscheibenrädern und flachen Radkappen.

Technische Motor-Daten

VW 1300 / 40 PS. Motor - Konstruktion: luftgekühlter Viertakt-Vierzylinder-Boxer-Motor im Heck eingebaut. Kurbelgehäuse und Zylinderköpfe aus Leichtmetall, Kurbelwelle vierfach gelagert, zentralliegende Nockenwelle, Ventile parallel hängend, Druckumlaufschmierung.

Bohrung / Hub 77 x 69 mm, Hubraum 1285 ccm, Verdichtung 7,3 : 1,
Nennleistung 29 KW / 40 PS bei 4000 U/min,
Drehmoment max. 89 Nm bei 2000 U/min, Fallstrom-Vergaser.

Die Kurbelwelle stammt aus dem VW 1500, dadurch erhöht sich der Hub von 65 auf 69 mm mit einer Verdichtung von 7,3 : 1.

Die ONS (Oberste Nationale Sportkommission) erteilt die Genehmigung zu Rennen mit umgebauten Volkswagen. Die Formel-V wird zu einem Begriff im Motorsport.

Ein neues Modell, der VW 1600 TL, Fließheck, kommt auf den Markt.

Ebenso neu ist der Kleinlieferwagen VW 147. Seine Karosse wird bei den Westfalia-Werken in Wiedenbrück hergestellt. Im Volksmund nennt man ihn „Fridolin". Am 9. 3. wird der erste an die Bundespost ausgeliefert.

Der 10 Millionste Volkswagen seit Kriegsende wird fertiggestellt.

Zum ersten Mal seit 1949 wird die Bezeichnung Standard und Export geändert in 1200 A (Standard) und 1200 (Export).

Die Tochtergesellschaft Auto-Union stellt ein neues Fahrzeug unter dem Namen „Audi 70" vor. Dieses Modell tritt an die Stelle des bis dahin hergestellten DKW. Damit hat der Volkswagenkonzern das erste einer Reihe konventioneller Fahrzeuge (d.h. mit wassergekühltem Frontmotor) in seinem Programm.

Geändert wird am Käfer folgendes:
Unter der Windschutzscheibe erscheint endlich eine Heizungsdüse. Die Felgen sind gelocht und erhalten eine flache Radkappe.
Alle Käfermodelle erhalten geänderte Bremstrommeln.
Eine neue Vorderachse, geänderte Blattfederstäbe und andere Stoßdämpfer ergeben eine bessere Federung.

1966

Erstmals werden in diesem Jahr mehr als eine Million Käfer produziert, nämlich 1 021 298 Stück.
Von Fahrgestellnummer 116 000 001 bis 116 1 021 298.

Ein Jahr nach der Einführung des 1300er wird der 1500er Käfer vorgestellt.
Er hat 44 PS und erreicht eine Höchstgeschwindigkeit von 125 km/h.
Die Karmann-Ghia-Modelle erreichen mit dem gleichen Motor 132 km/h.

Gleichzeitig werden für den VW 1500 Scheibenbremsen an den Vorderrädern eingeführt, die wie die Hinterräder nur noch mit vier Radschrauben befestigt werden.

Die auffälligste Änderung am Aufbau erfolgt an der Motorhaube. Sie ist jetzt im unteren Bereich kürzer. Die Befestigungsfläche für das polizeiliche Kennzeichen steht entsprechend den Bestimmungen in verschiedenen Exportländern steiler als bisher. Im Zusammenhang mit dieser Änderung ergibt sich auch ein größerer Motorraum, so daß sich der Motor leichter aus- und einbauen läßt. Die neuen Zierleisten sind schmaler, wirken eleganter und betonen die Außenkonturen zurückhaltender.

Die VW Tochter in Südafrika geht zu 100% in den Besitz von Volkswagen über und heißt jetzt „Volkswagen of South Africa Ltd".

Im Volkswagenwerk Wolfsburg ist das Kraftwerk mit vier Schornsteinen fertig.

August 1966. VW 1500 wird eingeführt: Spurverbreiterung hinten, geänderter hinterer Deckel, geänderte Kennzeichenleuchte, schmalere Zierleisten, neue Türschlösser.

Die Volkswagen-Leasing GmbH wird gegründet.
Das Aktienkapital wird von 600 Millionen auf 750 Millionen erhöht.
Erstmals können amerikanische Kunden ihren Volkswagen in Wolfsburg selbst abholen. ,,See Europe by Volkswagen" erfreut sich großer Beliebtheit.

Bei Ehra-Lessien erwirbt Volkswagen ein Gelände auf dem eine Teststrecke mit Schnellstrecke für Hochgeschwindigkeits-Dauertests entsteht.

Zur Intensivierung von Forschung und Entwicklung gründen das Volkswagenwerk und die Daimler-Benz-AG die ,,Deutsche Automobilgesellschaft mbH" mit Sitz in Hannover.
In Westdeutschland stehen jetzt 2 287 VW-Servicestationen dem Kunden zur Verfühgung.

Ab August wird die Produktion des VW 1200/34 PS eingestellt.

Im November läuft der 12 Millionste Volkswagen vom Band.
Die Zahl setzt sich zusammen aus 9 Millionen Käfern, 1,2 Millionen 1500er und 1600er sowie 1,8 Millionen Transportern.

Folgende Details werden am Käfer geändert:
Die Motorhaube ist jetzt umgeformt und im unteren Bereich kürzer. Dadurch ergibt sich ein größerer Motorraum, der den Ein- und Ausbau des Motors erleichtert.
Schmalere Zierleisten geben der Limousine eine elegantere Note.
An der Hinterachse erhalten alle Käfer eine neue Ausgleichfeder.
Jetzt kann man mit einem Schlüssel die Türen öffnen und starten. Das Einschlüsselsystem war schon lange der Wunsch vieler Käferfahrer.
Alle Knöpfe, Kurbeln und Schalter sind aus Weichgummi und schwarz, um ein Spiegeln in der Windschutzscheibe zu vermeiden.

Technische Motor-Daten

VW 1500 / 44 PS, Motor - Konstruktion: luftgekühlter Viertakt-Vierzylinder-Boxer-Motor im Heck eingebaut, Kurbelgehäuse und Zylinderköpfe aus Leichtmetall, Kurbelwelle vierfach gelagert, zentralliegende Nockenwelle, Ventile parallel hängend, Druckumlaufschmierung.

**Bohrung / Hub 83 x 69 mm, Hubraum 1493 ccm, Verdichtung 7,5 : 1, Nennleistung 32 KW / 44 PS bei 4000 U/min,
Drehmoment max. 102 Nm bei 2000U/min,
Solex Fallstrom-Vergaser.**

1967

Wegen der stark rückläufigen Verkaufszahlen von Volkswagen (30%) in Deutschland werden wieder bedeutend weniger Käfer produziert. Im Verhältnis zum Vorjahr sind es ca. 180 000 Stück. Insgesamt werden 844 892 Käfer hergestellt. Von Fahrgestellnummer 117 000 001 bis 117 844 892.

Die erste Wirtschaftsrezession nach dem Krieg beutelt auch den Volkswagenkonzern. Zum ersten Mal wird Kurzarbeit eingeführt. Die Produktionszahlen gehen drastisch zurück. Eine Reaktion auf die stark zurückgegangenen Verkaufszahlen.
Der erst im August des Vorjahres eingestellte Käfer 1200/34 wird wiederbelebt.
Er kostet jetzt 4485 Mark und soll als ,,Sparkäfer" die katastrophale Verkaufssituation verbessern. Im Volkswagenwerk wird die wöchentliche Arbeitszeit auf 40 Stunden gesenkt. Im August wird der neue Transporter vorgestellt.

Der 1500er Käfer erhält eine Wählautomatik und in Verbindung damit eine neu konstruierte Schräglenker-Hinterachse.

Die Tochter NSU stellt auf der IAA im September den RO 80 vor:
Ein völlig neues Konzept mit Zweischeiben-Wankel-Motor.

In Mexico beginnt die Produktion des Käfers.

August 1967. Frischbelüftung, Dreipunktbefestigung für Sicherheitsgurte an allen Sitzen, Bedienungsknöpfe aus Kunststoff, verstärkte Stoßfänger, außenliegender Kraftstoffeinfüllstutzen an der rechten Seite.

Bei der „Volkswagen do Brasil" verläßt der 500 000. Volkswagen das Band.
Neue Absatzmärkte in diesem Jahr werden in Hawai und Japan eröffnet.
Zum ersten Mal taucht bei der Produktion des Volkswagens der Sicherheitsaspekt auf.
Die Sicherheitslenksäule wird bei allen Volkswagen eingeführt. Gleichzeitig erhalten alle PKW eine Zweikreisbremsanlage.
Befestigungspunkte für den Dreipunkt-Sicherheitsgurt sind serienmäßig.

Folgende Veränderungen werden durchgeführt:
Die beiden Hauben werden gekürzt und die Abschlußbleche höher gezogen, weil die Stoßfänger verstärkt und vorn und hinten höher angesetzt werden.
Die vorderen Kotflügel werden wegen der neuen Scheinwerfer neu gestaltet.
Die äußeren Türgriffe haben eine neue Form.
Der Tankeinfüllstutzen wird nach außen verlegt.
In den Rückleuchten sind nun zwei Rückfahrscheinwerfer eingeschlossen.

1968
Die Produktionszahl des Käfers ist wieder gestiegen.
Es werden 1 016 098 hergestellt.
Von Fahrgestellnummer 118 000 001 bis 118 1 016 098.

In Hannover läuft der 2 Millionste Transporter vom Fließband.

Die Tagesproduktion im Gesamtwerk beträgt 7 500 Wagen.

August 1968. Geänderte Klappe des Kraftstoffeinfüllstutzens.

Am 12. April stirbt Prof. Dr. Heinrich Nordhoff im Alter von 69 Jahren nach kurzer schwerer Krankheit. Eine Stadt trägt Trauer, denn mit seiner Person ist der Aufstieg des Volkswagenwerks und der Stadt Wolfsburg untrennbar verbunden. Die Belegschaft und die Stadt Wolfsburg zollen ihm mit einer Schweigeminute Respekt.

Sein Nachfolger wird Dr. Kurt Lotz, der bereits seit 1967 stellvertretender Vorstandsvorsitzender war. Er übernimmt sein Amt am 1.Mai.

Seit Kriegsende sind 15 000 000 Volkswagen und 2 000 000 Austauschmotoren hergestellt worden.
Die Volkswagenwerk AG erwirbt das Gelände zum Bau des Werkes Salzgitter.

Im August wird der VW 411 (Typ 4) vorgestellt. Er hat einen luftgekühlten Heckmotor mit 1679 ccm Hubraum und 68 PS.
Die Karosserie ist selbsttragend und er ist viertürig.
Auch eine Variant-Version mit zwei Türen wird angeboten.
Dieses Auto ist jedoch kein Erfolg.

Am 25. September wird der 250 000. Volkswagen für Werksangehörige ausgeliefert.

„VW do Brasil" stellt den viertürigen Brasilia vor.
Bei der Firma Westfalia wird der 30 000. VW-Campingwagen fertiggestellt.
Die VW-Diagnose wird in alle VW-Werkstätten eingeführt.

Geändert wird am Käfer folgendes:
Die Tankklappe ist verriegelbar.
Die Warmluftdüsen werden an die Vorderkante der Sitzschienen verlegt.
Für alle Käfermodelle gibt es serienmäßig eine Warnblinkanlage.
Auch der VW 1300/40 PS kann jetzt mit Automatik und Scheibenbremsen vorn ausgestattet werden.

1969
Hergestellt werden 1969 1 093 704 Käfer.
Von Fahrgestellnummer 119 000 001 bis 119 1 093 704.

Eine weitere Tochter, die VW-Porsche-Vertriebsgesellschaft mbH, wird gegründet um den Verkauf von Sportwagen zu forcieren. Im Programm sind VW Porsche 914/80 PS, 914/6/110 PS und 914/6 Rallye 210 PS.

In Salzgitter wird mit dem Bau des sechsten deutschen Volkswagenwerks begonnen.
Bei Karmann wird der Karmann-Ghia Typ 34 eingestellt.

Aus den USA sind sogenannte „Strandwagen", Buggies auf Käferfahrgestell, nach Deutschland gekommen. Die Zeitschrift „Gute Fahrt" stellt diesen Wagen vor, und die Firma Karmann übernimmt die Herstellung und den Vertrieb.

Der VW 411 E mit 80 PS-Motor wird vorgestellt.

Zur gleichen Zeit bringt VW den 181 auf den Markt, der hauptsächlich von der Bundeswehr angefordert wird.

Die Firmen Auto Union GmbH und NSU Motorenwerke AG werden am 21. August zur Audi NSU Auto Union AG zusammengeschlossen. Die Anteile der Volkswagenwerk AG an dieser Gesellschaft werden in den folgenden Jahren auf 99% aufgestockt.

Verändert wird am Käfer folgendes:
Zehn Lufteintrittsöffnungen beim 1500er Käfer befinden sich zusätzlich in der Motorraumklappe.
Die Lufteintrittsöffnungen beim Cabrio werden auf 28 erhöht.
Der US-Käfer erhält den Motor des Transporters mit 1600 ccm und 47 PS.

Für die 1300er und 1500er wird ein L-Paket angeboten das folgendes beinhaltet:

2 Rückfahrscheinwerfer, Stoßfänger mit Gummileiste, gepolsterte Armaturentafel, abblendbarer Innenspiegel, abschließbarer Handschuhkastendeckel, Make-up-Spiegel in der Sonnenblende, Türtasche in der Beifahrertür, zweiter Fondaschenbecher, Schlingflorteppich, Schriftzug auf der Motorhaube 1300 L/bzw. 1500 L.
Den Sparkäfer gibt es jetzt auf Wunsch auch mit Automatik, 1300er-Motor und Scheibenbremsen.

August 1969. Der Käfer erhält geänderte Felgen.

1970
Es werden 1 096 945 Käfer hergestellt.
Von Fahrgestellnummer 110 2 000 001 bis 110 3 096 945.

Ein völlig neues Käfer Modell wird vorgestellt.
Der VW 1302 mit 1584 ccm und 50 PS.
Er hat ein technisch hochqualifiziertes Fahrwerk mit McPherson-Federbein-Vorderachse und Schräglenker-Hinterachse.

August 1970. Der Käfer erhält jetzt eine Zwangsbelüftung.

Die Geschichte des Käfers

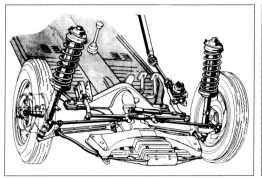
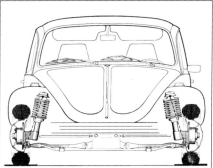
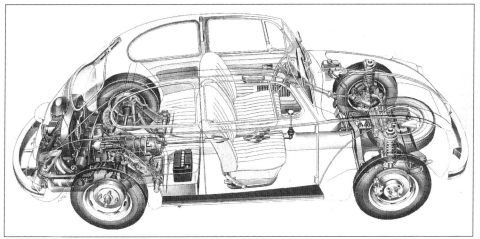

Phantombild des 1302 mit McPherson-Federbein-Vorderachse und Schräglenker-Hinterachse. Unten: Grundabmessungen des 1302.

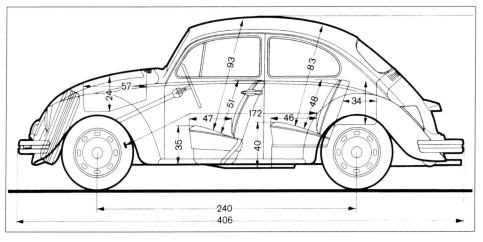

Der neue 1302 Käfer kann wahlweise mit drei in der Leistung unterschiedlichen Motoren bestückt werden, und zwar als 1302 mit 34 beziehungsweise 44 PS Motor und als 1302 S mit neuem 1,6 Liter Motor und 50 PS. Die Motoren sind keine Neukonstruktionen sondern durch konstruktive Maßnahmen, z. B. verbesserte Ansaug-anlage, Doppeleinlaßkanal am Zylinderkopf und bessere Kühlung, leistungs- gesteigert.

Das Drehmoment des 1,6 l Motors liegt höher als beim 1,5 l Motor, was sich günstig auf Beschleunigung und Fahrleistung am Berg auswirkt. Auf Grund der höheren Verdichtung (7,5:1) leistet das überarbeitete 1,3 Liter-Triebwerk jetzt 44 PS.

Der 1,6 Liter-Motor hat, wie auch das überarbeitete 1,3 Liter-Triebwerk, Zylinderköpfe mit Doppelansaugkanälen und einen nach vorn versetzten Ölkühler mit eigenem Kühlluftstrom.

Technische Motor-Daten 1302 S 50 PS

VW 1600 / 50 PS. Motor - Konstruktion: luftgekühlter Viertakt-Vierzylinder-Boxer-Motor im Heck eingebaut. Kurbelgehäuse und Zylinderköpfe aus Leichtmetall, Kurbelwelle vierfach gelagert, zentralliegende Nockenwelle, Ventile parallel hängend, Druckumlaufschmierung.

Bohrung / Hub 85,5 x 69 mm, Hubraum 1584 ccm, Verdichtung 7,5 : 1, Nennleistung 37 KW / 50 PS bei 4000 U/min, Drehmoment max. 108 Nm bei 2800 U/min, Solex Fallstrom-Vergaser.

Technische Motor-Daten 1302 44 PS

VW 1300 / 44 PS. Motor - Konstruktion: luftgekühlter Viertakt-Vierzylinder-Boxer-Motor im Heck eingebaut. Kurbelgehäuse und Zylinderköpfe aus Leichtmetall, Kurbelwelle vierfach gelagert, zentralliegende Nockenwelle, Ventile parallel hängend, Druckumlaufschmierung.

Bohrung / Hub 77 x 69 mm, Hubraum 1285 ccm, Verdichtung 7,5 : 1, Nennleistung 32 KW / 44 PS bei 4100 U/min, Drehmoment max. 88 Nm bei 3000 U/min, Solex Fallstrom-Vergaser.

Unter dem breiten, gewölbten Kofferraumdeckel ist jetzt ein deutlich größerer Kofferraum mit 260 Litern zu finden.

Die „Selbstfahrer-Union", wird vom Volkswagenwerk übernommen und bekommt später den Namen interRent.

Das Grundkapital der Volkswagen AG wird auf 900 Millionen DM erhöht.
Volkswagen do Brasil produziert den 1 Millionsten Volkswagen.
In Wolfsburg verläßt der 10 000 000. Volkswagen für den Export das Fließband.
Es ist ein pastellweißer Käfer, der für Frankreich bestimmt ist.
Das Werk Salzgitter übernimmt am 1. Juli die Produktion des VW K 70, der erstmals der Öffentlichkeit vorgestellt wird.
In Neckarsulm, bei Audi-NSU, läuft der 1 Millionste Wagen seit 1958 vom Band.

Verändert wird am Käfer folgendes:
Eine Zwangsbelüftung für alle Käfer-Typen - außer beim VW 1200 - wird eingeführt. Bei den 1302 Käfern steht sie in Verbindung mit der Frischbelüftung.

Die Türgriffe sind aus schwarzem Kunststoff statt aus Chrom.
Alle Typen erhalten alufarbig lackierte Felgen.

1971
In diesem Jahr werden insgesamt 1 143 118 Käfer produziert.
Von Fahrgestellnummer von 111 2 000 001 bis 111 3 143 118.

Der ESVW1 (Experimentier-Sicherheits-Volkswagen) wird der Öffentlichkeit vorgestellt. Er soll jedoch nicht gebaut werden, sondern nur der Erforschung der Sicherheit dienen. Die VW Import Austria Wien wird gegründet mit einer Beteiligung von 75% der Porsche Konstruktion KG Salzburg und 25% des Volkswagenwerks.

August 1971. Verbesserte Entlüftung, zusätzliche Luftschlitze.

Der 5 Millionste Volkswagen wird in die USA exportiert.

Prof. Dr. Lotz tritt zurück. An seiner Stelle tritt Rudolf Leiding sein Amt als Vorstandsvorsitzender der Volkswagen AG an. Er gilt als Krisenmanager und hat seine Fähigkeiten bereits bei VW do Brasil und bei Audi bewiesen.
In Brüssel wird die „Volkswagen Bruxelles S.A." gegründet.

Verändert wird:
Die Motorhaube hat nun bei leicht geänderter Form 26 Luftschlitze.
Das Rückfenster ist 4 cm größer geworden.
Ein neues Sicherheitslenkrad, in der Mitte gepolstert, löst das vorherige ab.
Die Zwangsentlüftung ist gegen Zugluft mit einer Rückschlagklappe versehen.
Alle Modelle erhalten einen Schraub-Tankverschluß.

1972
Es werden 961 261 Käfer hergestellt.
Von Fahrgestellnummer 112 2 000 001 bis 112 2 961 362
Der Käfer wird Weltmeister.
Am 17. Februar läuft der 15 007 034. Käfer vom Band und übertrifft damit den bisherigen Produktionsrekord des legendären Ford T-Modells, das von 1908 bis 1927 gebaut wurde. Ein Ende ist aber noch nicht abzusehen.

Schon am 17. Februar 1972 wird der Käfer Weltmeister. Er übertrifft somit das legendäre Ford T-Modell. Heute ist bereits der 22 000 000ste Käfer in Sicht.

Gemeinsam mit dem Volkswagen Generalimporteur UNIS gründet die Volkswagen AG in Sarajevo die TAS (Tvornica Automobila Sarajevo) als Montagegesellschaft für Volkswagen.Der VW-Austauschdienst besteht seit 25 Jahren. Der 3 000 000. Austauschmotor läuft vom Band und geht als 100 000. Austauschmotor nach Schweden.

Im August 1972 kommt der Käfer 1303 mit Panoramascheibe. Die vordere Haube ist verkürzt und die Rückleuchten sind vergrößert („Elefantenfüße").

Ab August läuft der wohl aufwendigste Käfer, der 1303 Käfer, von den Bändern.

Der 411 E wird abgelöst vom 412 E.
Der Transporter ist jetzt auf Wunsch mit Automatik lieferbar.
Zum ersten Mal in seiner Geschichte muß die Volkswagen AG für notwendige Investitionen fremdes Geld aufnehmen.
Bis jetzt hat sie sich immer selbst finanzieren können.
Mit dem 1. Bauabschnitt des Ausbildungszentrums in Wolfsburg wird begonnen.
Es soll 550 Ausbildungsplätze erhalten.

Folgende Änderungen werden durchgeführt:
Eine weit nach vorn geneigte Panorama-Windschutzscheibe für den 1303.
Am Heck werden große runde Schlußleuchten montiert.
Die vordere Haube wird ein Stück gekürzt und hat kein VW-Zeichen mehr.

1973

Es werden 1 021 860 Käfer produziert.
Von Fahrgestellnummer 113 (oder133) 2 000 001 bis 113 3 021 860.

Der Volkswagen Passat kommt als Repräsentant einer neuen Modellgeneration auf den Markt. Er bietet Frontantrieb, wassergekühlten Vierzylinder-Reihenmotor mit obenliegender Nockenwelle, spurstabilisierenden Lenkrollradius und eine selbsttragende Ganzstahlkarosserie.
Der luftgekühlte, heckgetriebene VW 1600 wird durch dieses Modell abgelöst.
Der Passat ist nach kurzer Anlaufphase auch als Variant mit vier Türen lieferbar.

In diesem Jahr beginnt der Bau der „Volkswagen of Nigeria Ltd." in Lagos.

Der 1 Millionste in Brüssel gefertigte Volkswagen läuft vom Band.
In Sao Paulo, Brasilien, bereits der 2 Millionste.

In Hannover läuft der 3,5 Millionste Transporter vom Band.

In Wolfsburg werden einige Sonderserien, wie der gelb-schwarze Renner, der City-Käfer, der Jeans-Käfer und der Big-Käfer vorgestellt.

Das VW Sport-Sondermodell „gelb-schwarzer Renner" wird eingeführt.
Nach über 20 Jahren ist er heute zum begehrten Sammlerobjekt geworden.

Vom gelb-schwarzen Renner werden nur 3 500 Stück gefertigt. Dieser 1303 S wird bereits ab Werk in einer Sportausführung geliefert, die Sportschalensitze, Sportlenkrad und Breitreifen der Dimension 175/70 SR 15 auf 5 1/2 Zoll breiten Sportfelgen beinhaltet.

Das Fahrzeug ist gelb lackiert, mit Ausnahme von Kofferraumdeckel und Motorhaube in mattschwarz. Auch die Stoßstangen und alle Zierteile und -leisten sind mattschwarz eloxiert. Der Motor ist ein serienmäßiger 1,6 Liter-50 PS- Motor, der jedoch von den Tunern schnell mit Zweivergaseranlagen und Ähnlichem bestückt wird.

Die weltweite Ölkrise läßt auch den Absatz von Volkswagen in Deutschland stark zurückgehen. Der Kurs der DM steigt gegenüber dem Dollar, das macht den Käfer im Hauptexportland USA teurer und läßt deshalb auch dort den Absatz zurückgehen.

Das VW Sondermodell „Jeans" wird eingeführt.

Folgende Veränderungen werden in diesem Jahr durchgeführt:
Der VW 1200 Sparkäfer erhält die großen Heckleuchten des VW 1303 und wird mit schwarz lackierten Stoßfängern ausgestattet.

Der 34 PS Motor bleibt unverändert.
Alle Käfer mit Federbein-Vorderachse erhalten einen spurkorrigierenden Lenkrollradius.
Alle Käfer-Modelle erhalten neue Felgen mit 41 mm Einpreßtiefe.

1974
Hergestellt werden 818 456 Käfer.
Von Fahrgestellnummer 114 (oder 134) 2 000 001 bis 114 2 818 456.

Der Volkswagenkonzern fährt in diesem Jahr erstmals einen Verlust von 807 Millionen Mark ein. Leiding versucht durch Abbau von Stellen die Kosten zu senken und Kurzarbeit ist angesagt.

Im März wird der Nachfolger des Karmann Ghia, der Scirocco, vorgestellt.
Ein zweitüriges, viersitziges Coupé.
Auch dieses Auto wird bei Karmann produziert, und man kann es mit drei Motorversionen bestellen: 50, 75 und 85 PS.

Der Nachfolger des Käfers, der Golf, wird im Mai vorgestellt.
Nach Passat und Scirocco ist der Golf das dritte Auto der neuen Produktpalette.
Man kann ihn mit zwei oder vier Türen bestellen.
Zwei Motoren, 50 und 70 PS, stehen zur Wahl. Das Styling stammt von Giugiaro.

Am 1. 7. 1974 läuft in Wolfsburg der letzte Käfer vom Band.

Das Werk, welches mit dem Käfer gewachsen ist, wird sich jetzt nur noch auf die Produktion von Golf und später Audi 50 konzentrieren.

Nach fast 30jähriger Produktionsgeschichte geht in Wolfsburg eine Ära zu Ende, in der, wie nie zuvor in der Geschichte des Automobils, das Produkt mit Werk und Stadt gleichgesetzt wurde. Wolfsburg war die „Käferstadt".

Mit der Produktion des 11 916 519. Käfers aus Wolfsburger Produktion wird dieser Zeitabschnitt beendet.

Der Käfer wird jetzt nur noch in Hannover, Emden, Brüssel und Übersee hergestellt. Die tägliche Stückzahl liegt weltweit bei 3 300 Fahrzeugen.

Die Herstellung des VW 412 wird im Juli eingestellt.
Der VW K 70 wird jedoch noch weiter gebaut.

In Brasilien sind seit Produktionsbeginn 1,5 Millionen Käfer hergestellt worden.
Der Audi 50 wird der Presse vorgestellt.

Am 4. 10. 1974 läuft im Werk Emden der 18 Millionste Käfer vom Band.

Folgende Änderungen werden durchgeführt:
Die vorderen Blinkleuchten werden bei allen Käfer-Modellen in den Stoßfänger integriert.

August 1974. Die 1303 Serie wird verbessert:
Die Blinkleuchten werden in die vordere Stoßstange integriert.
Am 4. 10. 1974 läuft im Werk Emden der 18 Millionste Käfer vom Band.

Bei den VW Tunern hat sich der Käfer inzwischen etabliert.
Aber auch im Motorsport findet der Käfer immer mehr Anhänger, sowohl in der alten Ausführung mit Kurbellenker-Achse und Pendelachse hinten, als auch mit der neuen McPherson-Federbein-Vorderachse und Schräglenkerachse hinten.

1975
Produziert werden nur noch 267 815 Käfer.
Von Fahrgestellnummer 115 (oder 135) 2 000 001 bis 115 2 267 815.

Am 10. 1. tritt Rudolf Leiding als Vorstandsvorsitzender der Volkswagen AG zurück. Toni Schmücker wird sein Nachfolger und tritt am 10. 2. sein Amt an.

Der Verlust des Volkswagenkonzern sinkt auf 157 Millionen Mark.
Es geht wieder aufwärts.
Sonderschichten müssen gefahren werden, um den weltweiten Bedarf zu decken.
Im März wird der Polo vorgestellt.
Er entspricht in Technik und Ausstattung dem Audi 50.

Die Geschichte des Käfers

In Lagos wird das neue Volkswagenmontagewerk eröffnet.
In Pueblo, Mexico, wird der 500 000. Volkswagen produziert.
Neben dem Transporter wird in Hannover jetzt der „LT", ein neues Nutzfahrzeug gebaut. Ab Juli gilt weltweit eine Garantie von einem Jahr für jeden Volkswagen.

Auf der IAA in Frankfurt wird der Golf GTI vorgestellt.
Er erreicht mit 110 PS eine Höchstgeschwindigkeit von 182 km/h.

Der Käfer wird nur noch in seiner alten Form hergestellt.
Die Form des 1303 gibt es nur noch beim Cabrio.

Er bleibt als Sparkäfer mit 1200/34 PS und 1600/50 PS im Programm.
Die Produktion des 1,3 Liter-Motors wird eingestellt.

Letztmalig ist ein Käfer-Modell (außer Cabrio) mit Halbautomatik und Schräglenkerhinterachse lieferbar.

Grundlegende Veränderungen werden bis heute nicht durchgeführt.

August 1975. VW 1200, schwarz lackierte Stoßfänger, schwarze Kotflügelkeder.
VW 1200 L, verchromte Stoßfänger mit Gummileisten, verchromte Radkappen, Rückfahrleuchten, Zwangsentlüftung.

1976
Der Käfer wird in unveränderter Form weitergebaut.
Es werden nur 176 287 Wagen hergestellt.
Von Fahrgestellnummer 116 2 000 001 bis 116 2 176 287.

Lieferbar sind folgende Modelle:
VW 1200   / 34 PS
VW 1200 L / 34 PS
VW 1200   / 50 PS
VW 1200 L / 50 PS
VW Cabrio 1303

Im Juni wird der Scirocco GTI mit 110 PS vorgestellt. Er hat eine Spitzengeschwindigkeit von 185 km/h und beschleunigt von 0-100 km/h in 8,8 sec.

Der erste Dieselmotor des Volkswagenwerks wird im Golf Diesel vorgestellt.
Schon im Oktober dieses Jahres verläßt der 1 Millionste Golf in Wolfsburg das Fließband.
In Westmoreland, USA, wird nach langer Überlegung eine VW Montagestätte errichtet.

Im November läuft der 30 Millionste Volkswagen vom Band.
Änderungen an den Käfer-Modellen gibt es nur bei den Farben.

1977
Hergestellt werden noch 101 292 Käfer.
Fahrgestellnummer von 117 2 000 001 bis 117 2 101 292.

Im März wird der Derby vorgestellt.

Das Volkswagenwerk hat nun eine Palette von Fahrzeugen die eigentlich jedem Käuferwunsch gerecht wird.

Der Käfer übernimmt die Rolle des Einstiegsmodells der Wolfsburger.
Als Sparkäfer bleibt er als letzter seiner Gattung mit zwei Motorversionen 1200/34 PS und 1600/50 PS im Programm. Für den Käfer werden neue Farben angeboten alpinweiß, malagarot und kolibrigrün-metallic.

Die Käfer-Form kann sich in Technik und Optik weiter durchsetzen.
Das alte Fahrwerk mit der Traghebel-Vorderachse und Pendel-Hinterachse bleibt weiter im Programm.

Die Ausführung mit dem langen Vorderwagen 1303 wird nur noch für das Cabrio gefertigt.

1978
Produziert werden nur noch 34 030 Käfer.
Von Fahrgestellnummer 118 2 000 001 bis 118 2 034 030.

Am 18. Januar läuft der letzte in Deutschland gefertigte Käfer in Emden vom Band. Er hat die Fahrgestellnummer 16 255 500.

Der Käfer wird nun nicht mehr in Europa produziert.
Das Käfer-Cabrio wird noch bei Karmann in Osnabrück weitergebaut.

Die Käfer kommen jetzt nur noch aus Mexico.

Bei den von jetzt an aus Mexico importierten Käfern ist der 50 PS-Motor weggefallen. Sie werden nur noch als 1200 L mit 34 PS geliefert.

Das zweistufige elektrische Frischluftgebläse entfällt ebenso wie das Stahlschiebedach, die H4-Hauptscheinwerfer ebenso wie die Scheibenbremsen.

Die Qualität der in Mexico gefertigten Käfer ist mit der der deutschen Produktion nicht vergleichbar.

Der von jetzt an aus Mexico importierte Käfer ist nur noch als 1200 L mit 34 PS lieferbar. Der 50 PS-Motor ist weggefallen.

1979
Aus Mexico werden 17 997 VW 1200 Käfer nach Europa eingeführt.
Das Cabrio wird weiterhin bei Karmann produziert.
Die Fahrgestellnummern beginnen mit 11 A 0000001

Verändert wird nichts. Die Farben bleiben weiterhin gültig.

1980
Es werden 13 052 VW 1200 Käfer aus Mexico nach Europa eingeführt.
Die Produktion des meistgebauten Cabrios der Welt, 331 847 Stück in
31 Jahren, wird am 10. Januar bei Karmann eingestellt.
Das Käfer-Cabrio wurde vom 3. Juni 1949 bis 10. Januar 1980 in Osnabrück
gebaut, und erringt somit den Titel „Weltmeister".

1981
Aus Mexico werden 9 100 VW 1200 Käfer nach Europa importiert.

Am 15. Mai wird der 20 Millionste Käfer in Puebla/Mexico fertiggestellt. Aus diesem Anlaß wird auf dem deutschen Markt der „Silver Bug" präsentiert, der auf dem Heck den Hinweis auf den 20 Millionen Rekord zeigt.

Das Werk Hannover feiert sein 25jähriges Jubiläum.
Auf dem Genfer Automobilsalon wird der neue Scirocco vorgestellt.
Der 5 Millionste Austauschmotor verläßt das Motorenwerk in Kassel.
In Westmoreland läuft der 500 000. Golf (Rabbit) vom Band.

Im November wird der 40 Millionste Volkswagen hergestellt.

Wegen eines schweren Herzinfarkts muß Toni Schmücker als Vorstandvorsitzender sein Amt aufgeben. Als Nachfolger wird Dr. Carl Horst Hahn bestellt.

An den Käfern wird folgendes geändert:
Bei einigen wird eine elektrische Wasserpumpe in den Scheibenwaschbehälter eingebaut.

Der Knopf des Schalthebels trägt eine Jubiläumsplakette.
Ab 1. August entfallen in der Motorhaube die Luftschlitze.

Ab Fahrgestellnummer 11-3-02 0000 wird der Käfer nur noch mit einer Windschutzscheibe aus Verbundglas geliefert.

1982

Aus Mexico werden 13 419 VW 1200 Käfer nach Europa importiert.

Dr. Carl H. Hahn, der neue Vorstandsvorsitzende, tritt am 4. 1. sein Amt an.

Am 25. 02. wird der 5 Millionste Golf im Werk Wolfsburg fertiggestellt.

Der spanische Automobilhersteller SEAT schließt einen Koopoerations- und Lizenzvertrag mit dem Volkswagenwerk.

Zur Ankurbelung der Verkaufszahlen in Europa versucht man den Kaufanreiz mit Sondermodellen zu erhöhen.

Der „Jeans Bug" kommt als Sondermodell auf den deutschen Markt:
Ausschließlich in den Farben alpinweiß und marsrot.
Folgende Zubehörteile gehören zur „Jeans"-Ausstattung:
Dekorstreifen im unteren Bereich der Tür- und Seitenteile mit dem Aufdruck „Jeans Bug". Schriftzug auf dem Motorraumdeckel „Jeans Bug".
Stoßstangen vorn und hinten mit silbernem Dekorstreifen.
Alle Chromteile sind schwarz eloxiert.
Das Radio „Salzgitter" gehört dazu.
Die Sitzbezüge sind in Jeansstoff und der Schalthebel hat einen eingelegten Jeans Schriftzug.

Der Jeans-Käfer hat einen 1200/34 PS Motor und kostet 9 995 Mark.

Ein weiteres Sondermodell folgt im September: Der „Special-Bug".
Er wird in den Farben marsrot und schwarzmetallic geliefert.
Alle Chromteile sind schwarz eloxiert und oberhalb der Einstiegsleiste sind goldfarbene Dekorstreifen angebracht.
Den Schriftzug „Special Bug" findet man sowohl auf dem Motorraumdeckel als auch auf der vorderen Haube.
Sitzbezüge aus Leder/Stoff gehören ebenso dazu wie das Radio „Salzgitter".
Der „Special Bug" hat ebenfalls einen 1200/34 PS Motor und kostet 9 995 Mark.

Obwohl es eines der preiswertesten und qualitativ besten, vollwertigen Automobile auf dem deutschen Markt ist, können nicht mehr als rund 10 000 Käfer im Bundesgebiet abgesetzt werden.

Generelle Änderungen am Käfer finden nicht statt.

1983
Aus Mexico werden 16 728 VW 1200 Käfer nach Europa importiert.

Der erste Santana wird in der Volksrepublik China hergestellt.
Das neue Forschungszentrum nimmt seine Arbeit auf.
Im Juni wird nach neunjähriger Produktionszeit der Golf I vom Golf II abgelöst.
Gleichzeitig wird dabei die neue Endmontagehalle 54 in Betrieb genommen.

Im Frühjahr wird der „Aubergine-Käfer" angeboten.
Seine Farbe ist aubergine-metallic, die Sitzbezüge und die Tür- und Seitenverkleidung sind auberginenfarbig, aber auch die Felgen.
Seine Stoßstangen sind verchromt und das Radio „Braunschweig" gehört mit zur Ausstattung. Der Preis beträgt 9 480 Mark.

Im gleichen Jahr wird auch der „Eisblau-Metallic-Käfer" angeboten.
Er kostet 9 760 Mark und hat einen schwarz-silbernen Zierstreifen oberhalb der Einstiegsleiste und verchromte Radzierringe. Auch zu dieser Sonderausführung gehört serienmäßig ein Radio, das Modell „Braunschweig".
Außerdem wird noch das Sondermodell „Alpinweiß" angeboten zu einem Preis von 9 480 Mark. Auch dieses Modell hat neben den Dekorstreifen in schwarz/silber verchromte Radzierringe. Außer an den Farben ändert sich an den Käfern nichts.

Sonder-Serie „Aubergine-Käfer" mit silbernen Doppel-Dekorstreifen an den Seiten und verchromten Radzierringen.

1984
Aus Mexico werden 15 119 VW 1200 Käfer nach Europa importiert.

Das Sondermodell „Eisblau-Metallic" zum Preis von 9 990 Mark wird noch einmal aufgelegt. Gleichzeitig werden die Sondermodelle „Sunny Bug" und „Nostalgie" angeboten. Der „Sunny Bug" ist sonnengelb und hat an den Seiten einen schwarzweißen Dekorstreifen.
Verchromte Radzierringe sowie Cordripp-Bezüge in curry sind serienmäßig.

Mitte des Jahres wird der „Samtrote Käfer" als weiteres Sondermodell auf den Markt gebracht.
Zum ersten Mal übersteigt der Preis eines Käfers die 10 000 Mark Grenze.

Der „Samtrote Käfer" ist, natürlich, samtrot lackiert und hat blaue Zierstreifen an den Seiten. Blumen verschönern seine Seitenteile.
Auch dieses Sondermodell hat verchromte Radzierringe und das Radio „Braunschweig" serienmäßig. Die Sitzbezüge sind aus Velours und Kunstleder.
Auch der Preis der Serien-Käfer ist auf 10 525 Markt gestiegen.
Geändert werden die Bremstrommeln. Sie erhalten einen verstärkten Außenkranz.
Der neue Jetta wird vorgestellt.

Winter-Käfer in eisblau-metallic mit schwarz-weißen Dekorstreifen an den Seiten, verchromten Radzierringen und Stoffbezügen aus blaugrauem Panama-Tweed.

1984 VW-Käfer Sonder-Modell „Nostalgie"

1985

Aus Mexico werden noch 3 000 1200er Käfer nach Europa importiert.

*Mit dem Jubiläum zum 50sten Geburtstag des Volkswagens erscheint der Jubiläumskäfer.
Je eine Jubiläumsplakette auf der Heckklappe und auf der linken Fahrzeugseite erinnert an 50 Jahre Käfer-Geschichte.
Er hat rundum eine grüne Wärmeschutzverglasung und ist in zinngrau-metallic lackiert. Er hat Spezial-Felgen und Reifen der Größe 165 ST 15. Es ist der letzte Käfer, der vom Volkswagenwerk in Deutschland ausgeliefert wird.*

Am 12. August 1986 kommen die letzten 3 000 Käfer in Emden an.

Mit der letzten Einschiffung eines Käfers von VW-Mexico endet der offizielle Import in die Bundesrepublik. In vielen Ländern der Dritten Welt, wie etwa in Süd- und Lateinamerika oder im afrikanischen Niger, läuft der VW Käfer nach wie vor.

Am 17. 10. 1985 feiert der Volkswagen-Konzern ein Jubiläum besonderer Art. An diesem Tag jährt sich zum fünfzigsten Mal, daß der erste Prototyp des VW-Käfers zum Straßenbild gehörte.

Die Geschichte des Käfers

1985 Jubiläums-Käfer! Der VW Käfer wird 50 Jahre alt

Er leistet nicht nur einen entscheidenden Beitrag zur Motorisierung in Deutschland und in vielen anderen Ländern; er wird auch nach dem Krieg zum wirtschaftlichen Aufstiegssymbol der Bundesrepublik Deutschland und gestaltet damit bis heute mehr als die Hälfte der über 100jährigen Geschichte des Automobils auf bemerkenswerte Weise mit.

In den 50er Jahren gelingt dem Volkswagen-Unternehmen der Sprung in die USA und auch nach Lateinamerika; hier wird Volkswagen mit diesem Automobil zum bedeutendsten Automobilhersteller und ist es bis heute geblieben. Der Käfer wird im Laufe der Zeit in über 150 Länder exportiert. Er hat sich auf vielen Märkten beachtliche Positionen erobert. In vielen Ländern beginnt mit dem Käfer überhaupt erst die Automobilisierung.

Die höchste arbeitstägliche Fertigungszahl erreicht der Käfer im Jahresdurchschnitt 1971 mit 5 535 Stück. Noch im Jahr 1985 beträgt die durchschnittliche Tagesproduktion 420 Einheiten.

In Deutschland wird die Käfer-Produktion im Jahre 1978 eingestellt. Alle seither in Europa verkauften Käfer - von 1979 bis 1994 insgesamt rund 140 000 Einheiten - stammen aus der Produktion der „Volkswagen de Mexiko".

1984 finden in Deutschland noch rund 11 000, in den übrigen europäischen Staaten noch knapp 3 000 Käfer ihre Käufer. Bis heute ist noch kein Ende der Käferproduktion in Sicht, im Gegenteil, ca. 500 Stück werden noch jährlich nach Deutschland eingeführt. Neue Produktionsstätten z.b. in Brasilien sowie die offizielle Wiedereinfuhr in Deutschland sind seit längerem im Gespräch!

1992
Am 23. 06. 1992 läuft in Puebla/Mexiko der 21 Millionste Käfer vom Band.

Nach 57 Jahren und mehr als 21 Millionen produzierten VW Käfern ist ein Ende der Käfer Produktion noch nicht absehbar.
Was mit dem Käfer bis heute erreicht wurde ist so einmalig, daß es sich sicherlich so leicht nicht wiederholen läßt. Der VW Käfer hat in der über 100jährigen Automobilgeschichte das größte Kapitel in den 57 Jahren seines Daseins mitgeschrieben.

Den Käfer, Deutschlands besten Diplomaten, trifft man praktisch in jedem Land dieser Welt an. In rund 20 Ländern werden in den Jahren 1936 bis 1993 rund 23 Millionen Käfer hergestellt.
In den besten Produktionsjahren werden jährlich über 1 000 000 Stück hergestellt.
Sein Export erfolgte in mehr als 150 Länder der Erde. Davon wurden zeitweise jährlich bis zu 400 000 Käfer allein in die USA exportiert.

Wenn auch der Käfer zur Zeit nur noch in Mexiko produziert wird, so ist es keinesfalls ausgeschlossen, daß seine Produktion nicht doch irgendwann in anderen Länder wieder aufgenommen wird. So wird der Käfer am Produktionsort Brasilien seit August 1993 wieder neu aufgelegt. Selbst wenn an diesen Standorten die Käfer-Produktion eines Tages eingestellt werden sollte, wird der Käfer keinesfalls so leicht in Vergessenheit geraten.

Der Käfer wird immer weiter leben.

Am 23. 6. 1992 lief in Puebla/Mexiko der 21 Millionste Käfer vom Band.
In der Automobilgeschichte ein bislang einmaliger Erfolg.

Technische Motor-Daten Mexico Käfer 50 PS

VW 1600 / 50 PS. Motor-Konstruktion:Luftgekühlter Viertakt-Vierzylinder-Boxer-Motor im Heck eingebaut, Kurbelgehäuse und Zylinderköpfe aus Leichtmetall, Kurbelwelle vierfach gelagert, zentralliegende Nockenwelle, Ventile parallel hängend, Druckumlaufschmierung, Einspritzanlage Digifant.

Bohrung / Hub 85,5 x 69 mm, Hubraum 1584 ccm, Verdichtung 7,5 : 1,
Nennleistung 37 KW / 50 PS bei 4000 U/min,
Drehmoment max. 108 Nm bei 2800 U/min.

Der Käfer hatte zu allen Zeiten seine Erfolge, die auch bis heute noch kein Ende gefunden haben.

Sei es in den verschiedensten Sonderserien, wie Jeans, gelb-schwarzer-Renner oder als Hauptdarsteller in den nach ihm benannten Filmen wie ,,Herbie".
Ebenso beliebt war er bei den Gelben Engeln der ADAC Straßenwacht.

Aber auch als beliebtes Tuning Objekt, ausgestattet mit allem was möglich war, macht er noch heute seinen Weg. Auch bei den verschiedensten Sport-und Rennveranstaltungen ist er immer noch eines der beliebtesten Automobile.

Bis heute ist der Käfer in jeder Beziehung unerreicht.

VW Käfer der ADAC Straßenwacht (genannt: Gelber Engel)

Sonder-Modell mit ATS Leichtmetallrädern

Herbie, der Hauptdarsteller in den nach ihm benannten Filmen.

Malc Buchanan mit seinem Schwimm-Käfer beim Manöver in der Irischen See.

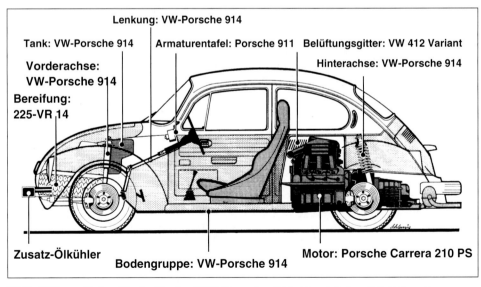

VW Käfer mit der Technik des VW-Porsche 914. Der Motor 2,7 Liter des Porsche Carrera leistet 210 PS. Die Höchstgeschwindigkeit beträgt ca. 200 km/h

Die Geschichte des Käfers 103

TDE-VW 1302 „Big Fire" 2,3 Liter, 6 Zylinder, 240 PS, 0-170 km/h in 13 sec.

1993

Im August 1993 läuft in Brasilien nach sieben Jahren die eingestellte Produktion des Käfers (Fusca) wieder an.

Es sollen 100 Autos pro Tag, somit 20 000 Autos pro Jahr gebaut werden.
Der Käfer mit dem Kosenamen Fusca kostet in Brasilien den subventionierten Preis von 7 200 Dollar.

Vom Fusca wurden bis 1986 in Brasilien 3 321 251 Stück produziert.
Die VW do Brasil wurde im März 1953 gegründet. Nachdem in angemieteten Gebäuden zunächst Käfermontage aus importierten Teilen erfolgte, konnte im Januar 1959 die Produktion im neuerrichteten Werk aufgenommen werden, aus dem sich die größte Automobilfabrik Südamerikas entwickelte.

Mit der Neuaufnahme der Produktion des Käfers wird bewiesen, daß seine Form und seine Technik nach wie vor gefragt sind.

**Vierzylinder-Boxermotor, luftgekühlt,
Hubraum: 1584 ccm,
Leistung: 54 PS (40 kW) bei 4200 U/min.
Höchstgeschwindigkeit: 125 km/h.**

VW-Käfer Band I
Super-Käfer Band II

TUNING IN THEORIE UND PRAXIS

Käfer-Welt Band III

Bestellen beim:

A C B Verlag
Krokusweg 8
42579 Heiligenhaus
Tel. 02054 3727
Fax. 02054 6609

Vom Volkswagen zum Sportkäfer.
Für den Käfer-Freund etwas ganz Besonderes.

Der Autor, Theo Decker, der schon Ende der fünfziger Jahre damit begann, dem Käfer Beine zu machen, ist für jeden Käfertuner ein Begriff.

Er hat all seine Erfahrungen in diesen Büchern niedergeschrieben.

Der Käfer, der seit über 50 Jahren nahezu unverändert gebaut wird, erlebt zur Zeit eine Renaissance ohnegleichen.

Er ist das klassenloseste Auto, das jemals gebaut wurde und begeistert noch heute seine Fans, vom Studenten bis zum Generaldirektor.

Der Käferfahrer, der sich heute bewußt von der Masse abheben will, braucht auf Fahrkomfort und Qualität nicht zu verzichten.

Er findet in diesen Büchern viele brauchbare Ratschläge und Anregungen.

Hier wird nicht nur die Geschichte des Käfers von der Entwicklung bis zur Großserienfertigung erzählt, sondern auch sein Einsatz im Motor-Sport, von der Rallye bis hin zum Formel-V-Renn-Einsatz

Sie erfahren, welche Leistungssteigerungen beim VW-Käfer möglich sind:
Zweivergaseranlagen, Doppel-Vergaser-Anlagen, Zylinderköpfe, Bearbeitung der Kanäle, Brennraumformen, Spezial-Nokkenwellen, Aufgabe und Zielsetzung bei der Leistungssteigerung, Hubraumerhöhung, Kurbeltrieb, Gehäusebearbeitung, Kurbelwelle, Pleuel, Kolben, Lager, Kühlung, Gebläseausführungen, Schmierung, Fahrwerk, Stoßdämpfer und Stabilisatoren usw...
Kurz gesagt, sie liefern Ihnen einen repräsentativen Querschnitt durch die gesamte Käfer-Tuning-Palette bis hin zu den leistungssteigernden Umbau-Arbeiten namhafter Käfer-Tuner.

2 VW Käfer Cabriolet
2.1 Die Entwicklung

Das VW Cabriolet ist so alt wie die Entwicklung des Volkswagens selbst. Als erster Prototyp war im Frühjahr 1936 ein kleines VW Cabrio fertiggestellt, das jedoch nicht in die direkte Entwicklungs-Typologie des Volkswagens aufgenommen wird. Es handelt sich bei diesem Fahrzeug um eine zusätzliche Entwicklung zum Auftrag des Reichsverbandes der Automobilindustrie aus dem Jahre 1934.

Für die endgültige Serie war dann ab 1938 ebenfalls ein Cabriolet vorgesehen und auch bei der Grundsteinlegung des Volkswagenwerks am 26. Mai 1938 ausgestellt. Der Produktionsbeginn dieses viersitzigen Cabriolets, das der direkte Vorläufer zum gegenwärtigen Käfer Cabriolet ist, sollte in den 40er Jahren sein. Die Typenbezeichnung lautete, ebenso wie bei der Limousine VW Typ 60, die Baureihe war VW 38.

Obgleich ein paar Cabriolets schon vor und im Krieg gefertigt wurden, begann die eigentliche Produktion erst 1949. Von den zwei Modellen mit zurückklappbarem Verdeck, die in jenem Jahr vorgestellt wurden, hat nur eines die Zeit überdauert. Vierzig Jahre später ist es reizvoll, sich näher mit dem Lieblingskind des Sortiments zu befassen. 1946 werden zwei Cabrios auf Limousine-Basis von den Volkswagen-Experten konstruiert.

Der erste, ein Zweisitzer, wird im Juli fertig. Er ist für Colonel Radclyffe, den Militärgouverneur, bestimmt. Der zweite, der am 10. Dezember 1946 vom Band rollt, ist vom Typ 15 mit vier Sitzen, der von Major Ivan Hirst gefahren wird, dem Mann, der 1945 die Wiederaufnahme der Produktion im Werk Wolfsburg veranlaßte. Neun Tage später verlassen vier weitere Cabrios, Typ 15, das Werk, einer davon geht an Karmann in Osnabrück und der andere an die französische Militärregierung. Diese beiden Modelle sind Vorläufer der späteren Serienfertigung.

1948 läuft die Großserienproduktion des Käfers mit viel Getöse an. Heinz Nordhoff, der an die Spitze des Werks berufen wird, möchte neben den Limousinen auch eine Cabrio-Variante. Da die Fließbänder jedoch weitgehend mit der Fertigung der Limousinen ausgelastet sind, entschließt sich Nordhoff, das Cabriolet in Lizenz bauen zu lassen. Er denkt dabei an zwei Unternehmen, die für ihre Seriosität bekannt sind. Es handelt sich um Hebmüller und Sohn in Wülfrath und um Karmann in Osnabrück. Hebmüller ist an dieser Entscheidung nicht ganz unbeteiligt.

Seine Firma arbeitet schon als VW-Unterhändler, da er offene Wagen für die Polizei baut. Seine Ingenieure sind mit den Cabrios von 1946 vertraut und haben sie oft gesehen und näher inspiziert. Josef Hebmüller, der die Bedeutung des Modells für den Markt ahnt, gelingt es, Nordhoff für einen Prototyp zu gewinnen, der später in Serie produziert werden sollte. Mitte 1948 erhält er grünes Licht und braucht nur wenige

Auflagen zu erfüllen: so viele Teile wie möglich von der Limousine zu verwenden, um die Herstellungskosten niedrig zu halten. Schließlich baut er drei Prototypen, die er gegen Jahresende liefert. Nach intensiven Tests und einigen Änderungen unterzeichnet Nordhoff eine Bestellung über 2 000 Stück.

**Das erste von Porsche für VW gefertigte Cabriolet aus der Serie 3.
Mit ihm wurde von Oktober bis Dezember 1936 der 50 000 km Test durchgeführt.**

Im selben Zeitraum erhält Wilhelm Karmann, der seit langem die gleiche Idee hat, die Erlaubnis zum Kauf einer Limousine. Damals war es nämlich nicht so leicht, an einen VW heranzukommen, man benötigte dafür eine Sondererlaubnis. Der Käfer wird sofort in den Betrieb von Karmann gebracht, wo er auseinandergenommen und geändert wird. Daraus entsteht ein tolles Viersitzer-Cabrio. Nordhoff läßt diesen ebenfalls testen und unterzeichnet eine Bestellung, jedoch nur über 1000 Stück. Das erste, für den Verkauf bestimmte Hebmüller Cabrio wird im April gefertigt, hat aber ein Fahrgestell vom Februar. Anscheinend gibt es diesen Wagen immer noch. Dieses Cabrio diente vermutlich als Prototyp zur Vorserie, denn die Großserie beginnt erst richtig im Juni, als 27 Hebmüller-Cabrios auf der Basis des neuen Exportmodells gebaut werden.

Tatsächlich präsentiert Volkswagen am 1. Juli des gleiches Jahres sein Exportmodell, das mit interessanten Neuheiten ausgestattet ist. Der Wagen sieht freundlicher aus mit seinen Aluminium-Leisten an den Seiten, den Trittflächen und der Vorderhaube.

Manche Teile sind verchromt, wie z.B. die Stoßstangen, Scheinwerfereinrahmung, Radkappen und die äußeren Türgriffe. Im Innenraum sind jetzt die beiden Tacho-Halterungen und das Dreispeichenlenkrad elfenbeinfarben. Gleichzeitig führt Karmann auch sein Cabrio vor, das ebenfalls auf dem Modell Deluxe Export aufgebaut ist.

Der Erfolg des Cabrios kommt rasch. Unter anderem wegen seines relativ erschwinglichen Preises, aber auch aufgrund der Reklamewirkung, die entsteht, weil zahlreiche bekannte Leute aus der Wirtschaft und dem Künstlermilieu das kleine Cabriolet kaufen. Es wird zum Modeauto. Sind im ersten Jahr die Produktionszahlen für beide Modelle in etwa gleich, je ca. 300 Stück, so ändert sich das 1950, als Karmann mehr als 2500 Viersitzer-Cabrios baut, während Hebmüller es nur auf 319 bringt. Aus einem einfachen Grund: Am 23. Juli 1949 zerstörte ein Feuer einen Großteil der Hebmüller-Fertigungsstätte und verlangsamte die Produktion erheblich. Das kleine Unternehmen gerät in finanzielle Schwierigkeiten, von denen es sich nie wieder erholen sollte.

Obwohl die Produktion in kleinem Umfang weitergeführt wird, Ende April 1950 wird sie fast gänzlich aufgegeben. Der große Nutznießer dieser Katastrophe ist natürlich Karmann mit seinem Viersitzer-Modell, der auf diese Weise unfreiwillig Weltkarriere macht. Die Produktion des Käfer Cabrio wird erst 1980 eingestellt.

**VW-Käfer-Cabrio Baujahr 1938, Fahrgestellnummer 31.
Der erste Besitzer war Hitler.**

Der Beginn

Durch den Kriegsbeginn verzögert sich die Produktion, sowohl der Limousine als auch des Cabriolets. Erst 1941 wurden im Volkswagenwerk 41 zivile Volkswagen gebaut, darunter jedoch kein Cabriolet. Der eigentliche Ansatzpunkt für VW Cabriolets liegt in der Nachkriegszeit. Diverse Karosseriefirmen bemühten sich in den späten 40er Jahren auf VW Fahrgestellen Cabriolets zu bauen.

Mit diesem VW-Käfer-Cabrio wurden von 1938 bis 1956 ca. 590 000 Kilometer gefahren. Es ist heute ein besonders gehütetes Stück der Volkswagen-Museums.

Parallel dazu wurde für die Polizei ein Spezialcabrio gebaut, ebenfalls von der Firma Hebmüller, das unter der Typenbezeichnung 18 A bekannt wurde. Im Juli 1949 begann dann die Produktion des viersitzigen VW Cabrios durch die Firma Karmann in Osnabrück. Im selben Jahr wurden noch 364 Fahrzeuge dieses Typs hergestellt. Sie legten die Basis für den großen Erfolg dieses Modells, das in den folgenden Jahren alle Veränderungen der VW Limousinen mitmachte, sowohl vom Styling als auch von der Technik.

Der erste Auftrag des Volkswagenwerks lautete zunächst einmal über 1000 Einheiten. Der Preis lag, ebenso wie beim Hebmüller-Cabrio bei DM 7500. Bis Januar 1980 wurden 331 847 Fahrzeuge dieses Typs hergestellt. Das Käfer Cabrio war damit das am längsten und das am meisten gebaute Cabriolet der Automobilgeschichte.

Eines der ersten von der Firma Karmann in Osnabrück gebauten VW-Cabriolets. Die Nummernschild-Buchstaben BN stehen für „Britische Zone Niedersachsen".

Käfer-Cabrio 111

1938 Volkswagen Cabriolet Prototyp. Fahrgestellnummer: 31.

Die Geschichte dieses Autos liest sich wie eine Odyssee. Der erste Besitzer dieses Wagens mit der Fahrgestellnummer 31 war Hitler. Ihm wurde das Cabriolet auf dem Obersalzberg geschenkt. Den Zweiten Weltkrieg überstand das Auto relativ unversehrt und mit einer minimalen Kilometerleistung.
Seinen zweiten Besitzer fand der Wagen am 29. Juni 1945 nachdem ihn die Amerikaner bei Kriegsende auf dem Obersalzberg requiriert hatten. Ein Dipl. Ing. aus Heppenheim erwarb und fuhr ihn etwa 250 000 Kilometer.
Der Verkaufspreis dann: DM 2 500,-. Von 1951 bis 1954 legte das Cabrio weitere 180 000 Kilometer mit dem dritten Besitzer zurück.

Sein Kommentar: ,,Es zog im Auto, und wir hatten oft nasse Füße".
Trotzdem, man fuhr dieses Auto gern.
1954 erwarb ein Autohändler das Cabriolet für DM 600,-. restaurierte es für DM 1000,- und verkaufte es an seinen fünften Besitzer, der mit ihm Reisen nach Italien und Österreich unternahm, ohne eine Panne zu haben.Der sechste Besitzer fuhr ihn weitere 80 000 Kilometer bis April 1956 und verkaufte ihn mit einer Gesamtfahrleistung von 590 000 Kilometer an die Münchener Volkswagen-Vertretung. Von dort kam der Wagen in den Besitz des Volkswagenwerks und ist seitdem ein besonders gehütetes Museumsstück.

Technische Daten:

Vierzylinder-Boxermotor, luftgekühlt, Bohrung: 70 mm, Hub: 64 mm, Gesamthubraum: 985 ccm, Leistung: 24 PS (18 kW) bei 3000 U/min, Höchstgeschwindigkeit: 100 km/h.

2.2 Hebmüller

Gleichzeitig mit Karmann wurde das VW-Cabrio schon von Hebmüller in Wülfrath gebaut.

1948 trat Nordhoff in Verhandlung mit der Firma Joseph Hebmüller und Söhne, die bereits seit über 25 Jahren für renommierte Firmen Sonderkarosserien gebaut hatte.

Hebmüller schuf ein 2/2 sitziges Cabriolet auf Käfer-Basis, bei dem, auf Wunsch von Nordhoff, so viel Original-Teile wie möglich verwandt wurden um eine möglichst preisgünstige Fertigung sowie Ersatzteilbeschaffung zu gewährleisten.

Die Innenausstattung, die beim damaligen VW-Standard mehr als dürftig war, wurde von Hebmüller exclusiv entworfen und hergestellt.

Das Hebmüller-Cabrio war so ausgestattet, daß Nordhoff daraus seine Export-Version ableitete.

VW Hebmüller-Käfer-Cabriolet.

Neben dem viersitzigen VW Cabriolet, das in Osnabrück rund 332 000 Mal gebaut wurde, gab es 1949/50 auch ein zweifenstriges Cabriolet, das Hebmüller in Wülfrath fertigte.
Nur ganze 696 Exemplare dieses Typs konnten insgesamt hergestellt werden. Nach dem Produktionsende in Wülfrath wurden aus Restbeständen bei Karmann noch 12 Hebmüller-Cabrios montiert.

Volkswagen Museum Wolfsburg

Bereits 1948 entstanden die ersten drei Hebmüller-Cabriolets die sich durch die Luftschlitze in der Motorhaube und die aufgesetzte Nase, die von der Limousine entlehnte Frontscheibenpartie und die stark abgerundeten Seitenscheiben von allen späteren Cabrios unterschieden.

Das Problem mit der zusätzlichen Karosserieversteifung löste Hebmüller durch das zusätzliche Anpunkten eines Z-förmigen gebogenen Bleches im serienmäßig vorhandenen Holm.

Das Verdeck des Hebmüller-Käfer-Cabrios war versenkbar. Das Armaturenbrett war in geschmackvollen Farben zusammengestellt, das Lenkrad war zweispeichig.

Die Hebmüller-Cabrios wurden von den Wolfsburger Technikern einer extrem harten Prüfung unterzogen. Jedoch war das Produkt so gut, daß keine Mängel auftraten.

Da das VW-Werk inzwischen den Luftfilter vergrößert hatte, mußte die Motorhaube so geändert werden, daß das Hebmüller-Cabrio seine charakteristische Form bekam.

Nordhoff bestellt nun als Anfang 2 000 Exemplare und Hebmüller beginnt mit der Serienfertigung.

Leider zerstörte ein Großbrand am 23. Juli 1949, einem Samstag, die gesamte Fertigung in Wülfrath.

Hebmüller-Cabrio

HEBMÜLLER Typ: 14 A. Zweisitzer-Käfer-Cabrio mit zwei Notsitzen hinten. Das Faltverdeck läßt sich komplett zurücklegen. Keine Seitenfenster hinten.

Das Hebmüller-Käfer-Cabrio verfügte über zwei bequeme verstellbare Sitze, sowie über zwei Notsitze.

Die Belegschaft des Werkes baute in vier Wochen einen Teil der Hallen wieder auf, um weiter produzieren zu können. Doch das konnte den Ruin nicht mehr aufhalten. Hebmüller konnte den finanziellen Schaden, der durch das Feuer entstanden war, nicht auffangen und mußte zwei Jahre später, im Mai 52, Konkurs anmelden.

Die letzten 12 Karosserien wurden dann1953 in Osnabrück bei Karmann weiter verarbeitet. In der Zeit von 49 bis 53 wurden 696 Cabrios hergestellt. Der Preis lag auf dem gleichen Niveau wie beim Karmann-Cabrio.

Hebmüller-Cabrios wurden fast immer zweifarbig, rot-schwarz und elfenbeinschwarz, bestellt. Sie sind bis in unsere Zeit eine kostbare Rarität geblieben.

1949. Volkswagen Typ 14 A. Hebmüller-Käfer-Cabriolet.
Wolfsburger-Museumsfahrzeug, Fahrgestellnummer: 1-0 126 986.

1949 Volkswagen Typ 14 A - Hebmüller-Cabriolet -

Die Firma Hebmüller in Wülfrath baute als erstes Karosserie-Werk nach dem Zweiten Weltkrieg ein Cabriolet auf Volkswagen-Fahrgestell das für DM 7500 verkauft wurde. Produktionsbeginn war im Dezember 1948.
Heute sind Hebmüller-Cabriolets eine echte Rarität für Sammler.

Der Wagen mit der Fahrgestellnummer 1-0 126 986 wurde am 10. Dezember 1949 gebaut und zunächst in Düsseldorf zugelassen. Seit 1954 war der Standort des Wagens Kampen auf Sylt.

1964 erwarb die Volkswagenwerk AG das Fahrzeug als Museumswagen im Tausch gegen ein neues Cabriolet das auf Wunsch seines Besitzers in den gleichen Farben lackiert wurde wie das Hebmüller-Cabriolet. 1984 wurde derWagen komplett restauriert.

Technische Daten:

Vierzylinder-Boxermotor, luftgekühlt, Bohrung: 75 mm, Hub: 64 mm, Gesamthubraum: 1131 ccm, Leistung: 25 PS (18 kW) bei 3300 U/min, Höchstgeschwindigkeit: 100 km/h.

2.3 Die erfolgreiche Karmann Werksgeschichte.

Karmann - das ist ein dynamisches Unternehmen mit langer Tradition im Fahrzeugbau. Ursprung der heutigen Unternehmensgruppe mit ihren fast 9 500 Mitarbeitern war ein Osnabrücker Handwerksbetrieb, der bereits im Jahr 1874 Kutschwagen von ganz besonders hoher Qualität und Eleganz herstellte, was sich schnell weit über Osnabrück hinaus herumsprach. 1901 übernahm Wilhelm Karmann, der Vater des heutigen Ehrenvorsitzenden des Unternehmens, die kleine aber bereits damals sehr bekannte Firma.

Es spricht für die Initiative des neuen Besitzers, daß er schon ein Jahr später für den Käufer eines Dürkopp-Motorwagens aus Bielefeld eine allererste Karosserie herstellte. Damals bauten die Automobil-Produzenten zumeist nur das Chassis mit Motor und allen Nebenaggregaten; der Aufbau wurde von einem Karossier, oft nach den ganz speziellen Wünschen des Kunden, angefertigt.

Wenn auch das Kutschwagen-Geschäft lange die solide Basis für das sich nach und nach vergrößernde Unternehmen blieb, so nahm die Zahl der Karosserie-Aufträge für Motorwagen ständig zu. Die Kunden wußten zu schätzen, daß sie bei Karmann in Osnabrück elegante Karosserien von bestechender Qualität bekommen konnten.

Dieses Käfer-Cabrio existiert nicht mehr. Es kam am 1. Juli 1948 auf den Markt. Die Winker befinden sich noch vorne an den Türen.

Bereits 1905 präsentierte die kleine Osnabrücker Firma mit ihren rund 20 exzellenten Handwerkern auf der großen Automobil-Ausstellung in Berlin vier verschiedene Aufbauten für Motorfahrzeuge, die nicht nur in Fachkreisen Aufsehen erregten. Kein Wunder, daß die Kontakte zu den Herstellern von Fahrgestellen und Motoren immer enger wurden. Und bald waren es nicht mehr nur Privatleute, die sich bei Karmann ihr Auto bauen ließen, sondern Firmen wie Protos und AGA, Pluto und Minerva, Hansa und Hansa-Lloyd, Selve und FN sowie Hanomag, Daimler und Opel orderten in Osnabrück Aufbauten. Und immer wieder Adler, die nach und nach von einer Automobil-Karosserie gleich ganze Serien bestellten.

Wilhelm Karmann reiste in die USA, um zu lernen, wie man in Osnabrück nach amerikanischem Vorbild eine richtige Karosserie-Serienfertigung verwirklichen konnte. Da mußte erst einmal die traditionelle Holzbauweise der Halbstahl- und später dann der Ganzstahl-Karosserie weichen.

Im Juli 1949 begann Karmann in Osnabrück mit dem Bau der ersten Käfer-Cabriolets. Das viersitzige VW-Cabrio machte im Lauf der Jahre alle Veränderungen der VW-Limousine mit; im Styling ebenso wie auch in der Technik.

Schritt für Schritt setzte er seine Ideen und Erkenntnisse in die Praxis um, was seinen Ruf in der Welt des Automobils weiter festigte. So bekannt waren Karmann-Karosserien inzwischen in Deutschland geworden, daß sogar der weltberühmte Bauhaus-Professor Gropius Anfang der dreißiger Jahre Automobil-Karosserien für das Osnabrücker Unternehmen zeichnete.

Technische Daten:

Der luftgekühlte Vierzylinder-Boxermotor im Heck des Cabrios hat eine Leistung von 18 kW (25 PS) bei 1131 ccm Hubraum.
Die Höchstdrehzahl beträgt 3300 U/min.
Das VW-Cabrio erreicht damit eine Höchstgeschwindigkeit von 100 km/h.

Die hauseigenen Experten entwickelten immer bessere und leichter zu handhabende Verdecks für die vielen neuen Cabriolets der deutschen Firmen. 1932 fertigten bereits bis zu 150 Mitarbeiter acht Primus-Cabriolets täglich allein für Adler. Sieben Jahre später produzierten schon 800 Mitarbeiter Tag für Tag 65 Karosserien.

Der Zweite Weltkrieg verschonte das Unternehmen nicht. Nach Luftangriffen sank es in Schutt und Asche. Aber nach 1945 begann Wilhelm Karmann sofort mit dem Wiederaufbau, wenn auch an eine Automobilfertigung anfangs nicht zu denken war. Zunächst wurden Haushaltsgegenstände wie Eßbestecke, Blechwannen, Schuhanzieher, Klappsessel und Schubkarren produziert, weil für Automobile noch kein Bedarf da war. Der große Durchbruch kam 1949 mit dem VW Käfer-Cabriolet.

Da die Scharnierstangen des Faltdachs außen angeschlagen waren - die Sturmstangen ragten etwa 10 cm über die Karosserie hinaus - und das Verdeck geschlossen einige Zentimeter höher war als das normale Dach, wirkte das VW Cabrio wesentlich breiter und größer als die kompakte Limousine.

Nordhoff orderte bei Karmann 1 000 Käfer Cabrios und im April 1950 lag schon bereits der Anschlußauftrag von 2 000 Stück vor.

1952 starb Wilhelm Karmann sen.; sein Sohn, auf seine Aufgaben bestens vorbereitet, übernahm die Leitung des Unternehmens. Ganze drei Jahre dauerte es nur, bis er jenes Coupé auf Käfer-Basis präsentierte, das den Namen Karmann in alle Welt hinaustragen sollte: den VW Karmann-Ghia. Luigi Segre, Chef des Hauses Ghia in Turin, hatte in enger Zusammenarbeit mit Karmann die elegante Karosserie verwirklicht. Es folgten das Karmann-Ghia-Cabriolet, der „große" Ghia, der VW-Porsche, der Scirocco, das so überaus erfolgreiche Golf Cabriolet und schließlich der heißblütige VW Corrado, der sportlichste aller Volkswagen.

Aber auch als Hersteller von Spezial-Werkzeugen für die Automobil-Produktion hat sich Karmann weltweit einen guten Namen gemacht. Und viele Firmen lassen überdies bei Karmann Karosserieteile pressen. Karmann Engineering entwickelt sogar komplette Produktionsstraßen für die Automobilindustrie.

Ein Blick in die Fahrzeug-Produktion: Roboter punkten oder kleben die Rohkarosserie zusammen, hochmoderne Rechner steuern die komplizierten Produktionsabläufe. Fast versteht es sich von selbst, daß bei Karmann längst am Bildschirm konstruiert wird. CAD und CAM sind in Osnabrück schon lange keine Fremdworte mehr.
Aber trotz aller supermodernen Techniken kann und will Karmann nicht auf seine hochqualifizierten Mitarbeiter verzichten.

Also wird auf die Ausbildung des Nachwuchses allergrößter Wert gelegt.
Das neue Ausbildungszentrum, 1987 eröffnet, gilt nicht nur in Niedersachsen als ein Schulbeispiel für eine optimale Berufsausbildung in einer Zeit, die von immer neuen Techniken bestimmt wird.

Ende 1989 legte Wilhelm Karmann, 75jährig, die Leitung des Unternehmens in jüngere Hände.
Nachfolger als Vorsitzender der Geschäftsführung wurde Rainer Thieme, der vorher die Keiper-Recaro-Gruppe zu ihrer heutigen weltweiten Bedeutung geführt hatte.

Fast 7 000 Mitarbeiter beschäftigt heute die Wilhelm Karmann GmbH in Osnabrück, rund 9 500 sind es bei der Karmann-Gruppe.
Viele davon sind Spezialisten, denn Karmann hat sich mit der Fertigung von Automobil-Karosserien weltweit einen Namen gemacht, und auch der Werkzeugbau und das Preßwerk sind seit Jahrzehnten Partner der Automobilindustrie weit über die Grenzen der Bundesrepublik hinaus.

Die über vierzigjährige Zusammenarbeit zwischen Volkswagen und Karmann hat sich für beide Unternehmen bezahlt gemacht.

Das Karmann-Käfer-Cabrio verfügt über zwei bequeme verstellbare Vordersitze und über zwei Sitze hinten.

Die VW-Qualitätsnormen, wohl führend in der Welt des Automobils, werden selbstverständlich auch von Karmann voll erfüllt. Und auch die in Osnabrück entwickelten Neuschöpfungen müssen vor Serienanlauf alle Zerreißproben und Sicherheitstests absolvieren, die für alle VW-Fahrzeuge gelten. Welche Torturen etwa das Golf Cabriolet vor der Produktionsaufnahme zu überstehen hatte, ist bereits Legende. Fast selbstverständlich, daß neue Erkenntnisse der Forscher und Techniker fortwährend in die Serienfahrzeuge eingeflossen sind. Denn einen Stillstand in der technischen Entwicklung gibt es nicht. Weder bei Volkswagen, noch bei Karmann.

Karmann-Cabrio 127

Aufsetzen der Cabrio-Karosserie auf das bereits komplett montierte Fahrwerk. Die sogenannte „Hochzeit!".

1949 Volkswagen Cabriolet 15 A

Am 30. Oktober 1949 wurde dieser Wagen erstmals zugelassen, und zwar für den Witzenhausener Kurzwarenhändler Gögge, der das Cabriolet als Geschäftsfahrzeug bis 1977 nutzte. In den letzten Jahren wurde der Wagen allerdings wenig bewegt, lediglich einmal wöchentlich zum Honigeinkauf in einer Nachbargemeinde. Im Herbst 1977 erwarb der Fuldataler Silberschmied Otto Weymann - der in Deutschland erstmals den Käfer als sammelnswerten Oldtimer in der Öffentlichkeit propagierte und in seiner Heimatgemeinde das erste Käfer-Veranentreffen organisierte - diesen Wagen. Das Fahrzeug befand sich technisch in einem sehr guten Zustand. Lediglich optisch mußte das Cabriolet restauriert werden. Dies wurde von Herrn Weymann noch im Jahr des Erwerbs veranlaßt.
Aus Gesundheitsgründen verschenkte Otto Weymann im September 1984 den Wagen an das Auto Museum Wolfsburg, trotz höherer finanzieller Angebote, vor allem aus den USA, weil er der Meinung war, daß dieses Auto als Beginn einer Serie von über 330 000 Volkswagen Käfer-Cabriolets in das Auto Museum Wolfsburg gehöre. Ohne weitere Restaurierungen konnte der Wagen wegen seines ausgezeichneten Erhaltungszustands ausgestellt werden.

Am 30. Oktober 1949 wurde dieses Käfer-Cabrio erstmals zugelassen, und 1984 schenkte es der damalige Besitzer dem Auto Museum in Wolfsburg. Wegen seines ausgezeichneteten Erhaltungszustandes wurde es ohne Restaurierungsaufwand ausgestellt.

Technische Daten:

**Vierzylinder-Boxermotor, luftgekühlt, Bohrung: 75 mm, Hub: 64 mm, Gesamthubraum: 1131ccm, Leistung: 25 PS (18 kW) bei 3300 U/min, Höchstgeschwindigkeit: 100 km/h, Fahrgestellnummer: 1-0121 217.
Dieses VW-Cabrio gilt als das ältestes Nachkriegscabriolet.**

1979 Volkswagen Cabriolet Typ 15

Der hier gezeigte Wagen wurde zunächst als Pressetestwagen eingesetzt und noch einmal gründlich auf Herz und Nieren geprüft, bevor er 1980 in den Bestand des Auto Museums Wolfsburg überging.

Er dient heute als Beleg für die beliebteste Art, im Käfer ,,oben ohne" zu fahren. Viele Cabrio-Fans werden diesem Fahrzeug auch heute noch, mit etwas Nostalgie, nachtrauern.

Karmann-Käfer-Cabriolet 1303 S, Wolfsburger Museumsfahrzeug, Fahrgestellnummer: 1 592 027 141

Technische Daten:

Vierzylinder-Boxermotor, luftgekühlt, Bohrung: 85,5 mm, Hub: 69 mm, Gesamthubraum: 1584 ccm, Leistung: 50 PS (37 kW) bei 4000 U/min, Höchstgeschwindigkeit: 130 km/h.

that's it !!

Speedster-Bausätze Cabrio-Bausätze GFK-Kotflügel

K&N-Luftfilter Ölk... ...spuffanlagen

Sitz... Sitzbezüge

RAID-... Werkzeuge

Achsen... Vergaser

Bremsan... Felgen

Tieferlegu... ...matten

Bodengrupp... ...lügel

Reparaturble... ...pfer

Teppichsätze ...verschleißteile

Koni-Dämpfer Literatur Blechkotflügel etc.

Der neue Hoffmann Speedster Käfer-Katalog

mit über **360 Seiten** im DIN-A4-Format und z.T. farbigen Abbildungen noch umfangreicher als bisher. Viele **Neuheiten** und Informationen sowie Altbewährtes erwarten Sie !
Super-Gewinnspiele im Wert von über DM 40.000,--; Speedster-Bausatz, MTI-Edelstahlfelgen, Warengutscheine und viele Preise mehr .....

Neugierig ?
- dann sofort bestellen bei:

Katalog nur gegen Vorkasse (keineNN)
DM 20,-- (Inland)   DM 30,-- (Ausland)

Gerberstr. 138
D-41748 Viersen
Tel: 02162 / 30022
Fax: 02162 / 33648

© JBPV

2.4 Die Chronik der VW Käfer-Cabriolets

1934
Dr.-Ing. Ferdinand Porsche hat die Pläne für einen „Volkswagen" erarbeitet.
Er erhält vom Reichsverband der Automobilindustrie (RdA) den Auftrag, von seinem neuesten Entwurf einen Prototyp zu bauen.

1936
Dem RdA werden zwei Prototypen präsentiert: ein Cabrio und eine Limousine.

1937
An einem Vorserienkontingent von 30 Fahrzeugen der „Serie 30" werden Dauerversuche unternommen. Dabei werden ca. 2 500 000 Kilometer zurückgelegt.

1938
Nach der Grundsteinlegung für das Volkswagenwerk in Wolfsburg werden noch 44 Fahrzeugen der VW-"Serie 38" weitere 60 Exemplare der „Serie 3911 gebaut.

1940
Die ersten KdF-Wagen werden gebaut.
In der Folge wird die Produktion von Fahrzeugen für militärische Zwecke wie den VW-Kübelwagen, Sechsrad-Spähwagen und Schwimmwagen forciert.

1946
Das erste Käfer-Cabriolet der Nachkriegszeit entsteht unter britischer Regie: eine offene Limousine mit Faltdach.

1949
KARMANN Typ: 15 A . Gebaut wurden 364 Käfer-Cabrios.
Viersitzer-Cabrio. Seitliche Fenstereinrahmung aus Aluminium, keine Windabweiser. Winker vor den Türen, außer bei den letzten Modellen, wo die Winker hinter den Türen montiert sind wegen einer zusätzlichen Versteifung der Windschutzscheiben-Halterung. Dreispeichen- Lenkrad, elfenbeinfarbene Knöpfe, Seilbremsen, zweifarbige Lackierung, auf Wunsch im Innenraum Skai- oder Lederbezug.

1950
2 695 Käfer-Cabrios werden hergestellt.
Die Winker sind hinter den Türen. Genau wie bei der Limousine ist hier ein elfenbeinfarbiges Zweispeichen-Lenkrad eingebaut. Ein zusätzlicher Holzbogen am Verdeck ist die Halterung für die Aluminium-Leiste, die sich oberhalb der Heckscheibe befindet.

1951
3 938 Käfer-Cabrios werden hergestellt.
Hinter dem vorderen Kotflügel werden Lüftungsklappen eingebaut.
Auf der Vorderhaube ist das Emblem von Wolfsburg.

1952
5 594 Käfer-Cabrios werden hergestellt.
Ab 1.10. wird ein neues Armaturenbrett eingebaut. Der Tacho ist direkt vor dem Fahrer. Ein neues Lenkrad, 15" Felgen, glatte Stoßstangen, Windabweiser auf den Vordertüren, herzförmige Schlußlichter, neue Motorhaube und neue Türgriffe sind in den Veränderungen dieses Jahres eingeschlossen.

1953
4 256 Käfer-Cabrios werden hergestellt.
Ab Fahrgestellnummer 448 125 werden die Winker nicht mehr in ein Gehäuse eingebaut, sondern direkt von innen eingeschweißt.
Ab Fahrgestellnummer 487 008 neuer Rahmen und Abdichtung der Seitenfenster, verchromt.

1954
4 740 Käfer-Cabrios werden hergestellt.
Ein neuer Motor mit 1192 ccm und 30 PS ersetzt den 25 PS Motor.
Die Fußheizungsdüsen werden vergrößert. Neue Arretierung für die Vorderhaube.
Motoranlassen durch Zündschlüssel.

1955
6 361 Käfer-Cabrios werden hergestellt.
Der einmillionste Volkswagen läuft vom Band. Gleichzeitig werden Preissenkungen bekanntgegeben. Den preiswertesten Standard-Käfer gibt es für 3790 DM, das Cabrio kostet nur noch 5 990 DM. Die US-Ausführung erhält eine Stoßstange mit Verstärkung.
Ab 1. August wird das System des Modellwechsels eingeführt.

1956
6 868 Käfer-Cabrios werden hergestellt.
Das Heck wird geändert, damit die doppelten Auspufftopf-Abgänge Platz finden.
Die Heckleuchten werden größer, alle Funktionen sind unter einer Scheibe zusammengefaßt. Neue Innentüren ohne Wulst. Türgriffe innen und Fensterkurbel haben andere Form, sie sind jetzt glatt. Die äußeren Türgriffe sind nicht mehr flach.
Die Sitzpolster haben jetzt sechs Falten statt zwei. Schalthebel wird nach vorne gelegt und nach hinten gebogen. Neues Lenkrad, neue Felgen speziell für schlauchlose Reifen.

1957
8 196 Käfer-Cabrios werden hergestellt.
Keine wesentliche Änderung bei diesem Modell, weiterhin altes Armaturenbrett, kleine Windschutzscheibe und Heckscheibe.

1958
9 624 Käfer-Cabrios werden hergestellt.
Windschutzscheibe vergrößert wie bei der Limousine. Ganz neues Verdeck mit größerem Heckfenster. Neue Motorhaube mit 10 waagerechten anstelle der 36 senkrechten Schlitze. Neues Armaturenbrett mit Lautsprechergitter neben Tacho. Aschenbecher befindet sich nun unterhalb der für das Radio vorgesehenen Stelle. Eine Chromleiste läuft über das gesamte Armaturenbrett. Die Türverkleidungen sind aus zweifarbigem Skai. Das Gaspedal ist jetzt flach.

1959
10 995 Käfer-Cabrios werden hergestellt.
Keine wesentlichen Änderungen.

1960
11 921 Käfer-Cabrios werden hergestellt.
Einführung eines neuen Fahrgestells ab Nr. 2 528 668. Die Gabel, die das Getriebe hält, wird um 2 Grad gesenkt, die Stabilität wird dadurch erhöht. Der Ölfilter wird geändert, ebenso wie die Neigung der Auspufftopf-Endstücke. Die Vorderachse erhält einen Querstabilisator und einen Lenkungsdämpfer.
Die Lenksäule wird kürzer, das Lenkrad ist tulpenförmig und erhält einen verchromten Hupenring. Der Schutzschlauch unter den vorderen Kotflügeln ist nicht mehr aus Metall, sondern aus Gummi.

Änderung an den Türen: neue Türgriffe mit Öffnertaste. Innenraum: keine Chromleiste mehr an den Türen. Sonnenblende aus weißem Vinyl anstelle von durchsichtigem Kunststoff. Auf der Vorderhaube ist das Wolfsburg-Emblem jetzt schwarz. Fußstütze für den Beifahrer. Die Fußbodenteppiche vorne und hinten sind aus einem Stück.

Ab Fahrgestell 2 533100 verschwindet die Chromleiste, die das Verdeck vorne abgrenzt. Ab Fahrgestell-Nr. 2600199 werden die Bögen des Verdecks geändert und nochmals ab Fahrgestell 2 967 313. Ab Fahrgestell Nr. 3 063 541 ermöglicht ein System die Blockierung des Verdecks in offener Stellung.

1961
12 005 Käfer-Cabrios werden hergestellt.
Neuer Motor (Lichtmaschine ohne Gußteil), neues synchronisiertes Getriebe. Der Gummibelag des Trittbretts und die Leisten der Kotflügel sind der Autofarbe angepaßt. Neue Türgriffe.

Die Leiste, die über das Armaturenbrett verläuft, ist jetzt gestanzt statt gegossen. Der Starterknopf ist nicht mehr auf dem Armaturenbrett. Neuer Tacho. Außenrückspiegel serienmäßig. Geänderte Sitzpolster. Winker werden durch Blinker ersetzt die auf die vorderen Kotflügel bzw. in die Schlußleuchten integriert werden.

1962
10 129 Käfer-Cabrios werden hergestellt.
Die Vorderhaube wird durch zwei Federn offengehalten. Neue Heckleuchten. Seilzug-Benzinanzeige und Wegfall der Reserveschaltung. Neuer Fensterheber-Mechanismus.

1963
10 599 Käfer-Cabrios werden hergestellt.
An der Kühlturbine werden Heizungsabgänge angebracht. Der Verdeckstoff erhält einen Gummibelag. Größere Heckscheibe. Breitere Chromleisten auf dem Verdeck.

Seitenansichten des Karmann-Käfer-Cabrios Baujahr 1963

1964
10 355 Käfer-Cabrios werden hergestellt.
Neue längere Kennzeichenbeleuchtung. Größere Vorderblinker. Neue Türgriffe.

Die Chronik des Karman-Cabriolets

Seiten- und Heckansichten des Karmann-Käfer-Cabrios Baujahr 1963

1965
10 754 Käfer-Cabrios werden hergestellt.
Ganz neue Karosserie und neues Kennzeichnungssystem. Die Limousine erhält die Kenn-Nr. 115, das Cabrio die Nr. 155 (Nr. 5 für 1965), aber die Fahrgestell-Nummern sind gemischt. Neue Karosserie mit größeren Scheiben, außer der Heckscheibe, die seit 1963 unverändert ist. Die Halterung des Windabweisers ist jetzt geneigt (wie bei der Limousine). Karosserie wird überall versteift. Neue Sitze. Zum letzten Mal ein Fahrgestell mit Gelenkzapfen.

1966
9 712 Käfer-Cabrios werden hergestellt.
Ganz neues Fahrgestell. Vorderachse mit Kugelgelenk. Ge!ochte Felgen und flache Radkappe. Neuer Motor 1300.

1967
7 583 Käfer-Cabrios werden hergestellt.
Neues Modell 1500, als einziges mit Scheibenbremsen und Vierlochfelgen (andere Modelle Fünflochfelgen wie 1966). Neue kürzere Motorhaube und neues Heckteil. Neue, untereinander austauschbare Türgriffe mit modernem Blockiersystem. Innen: neues Öffnungssystem mit eingelassenen Griffen und Öffnertaste. Neue Knöpfe am Armaturenbrett aus schwarzem Gummi. Breitere Rückspiegel. Für Modell 1300 und 1500 auf Wunsch 12-Volt-Anlage.

1968
13 368 Käfer-Cabrios werden hergestellt.
Einführung des automatischen Getriebes. Scheinwerfer senkrecht eingebaut, Schlußleuchten größer und flach montiert. Vorder- und Hinterhaube kürzer, neue Stoßstange und 12-Volt-Anlage für Modell 1300 und 1500.

Geänderte Türen. Änderung der Lenksäule, Blinkerbetätigung auf der Lenksäule. Neue Türgriffe mit Abzug. Armaturenbrett bei manchen Modellen mit Vinylüberzug. Rahmen der Windschutzscheibe wird geändert. Windabweiser mit Blockiersystem. Verdeck-Bogen geändert.

Ab Fahrgestell-Nr. 158 469 661 keine Chromleiste mehr unter der Heckscheibe. Tankfüllstutzen ist jetzt außen unter einer von innen zu öffnenden Klappe.

1969
15 802 Käfer-Cabrios werden hergestellt.
Fußheizungsschlitze nach hinten versetzt, werden über Seilzug betätigt. Rückspiegel für Tag- und Nachtstellung. Neuer Tacho mit senkrechten Zahlen. Neues Wasserableitsystem unterhalb der Motorhaube; verhindert, daß Wasser in den Luftfilter eindringt. Alufarben lackierte Felgen.

1970
18 008 Käfer-Cabrios werden hergestellt.
Motorhaube hat jetzt vier Reihen mit je sieben Luftschlitzen. Letztes Cabrio mit Drehstäben in der Vorderachse.

1971
24 317 Käfer-Cabrios werden hergestellt.
Einführung des Cabrio auf Basis 1302 und 1302 S, vordere Federung Typ McPherson. Änderung des Vorderteils der Karosserie zum Einbauen der Stoßdämpfer. Versteifung oberhalb der Motorhaube. Verdeck bleibt wie 1970. Modell 1302 S erhält eine neue 1600-Maschine.

1972
14 865 Käfer-Cabrios werden hergestellt.
Eingelassene Türgriffe außen. Verdeckbögen nur 1972 geändert, damit das Verdeck 5 cm tiefer gefaltet werden kann.

1973
17 685 Käfer-Cabrios werden hergestellt.
Einführung der Panoramawindschutzscheibe (nur für Cabrio). Neues Armaturenbrett. Die Klappe für den Tankstutzen kann per Hand geöffnet werden.

Die Chronik des Karman-Cabriolets

Vorder-und Heckansichten des Karmann-Käfer-Cabrios Baujahr 1973

Neue hintere Kotflügel. Große runde Heckleuchten.
Innen: neue Sitze mit Verriegelung auf dem Tunnel. Neue Bögen fürs Verdeck.
Das Verdeck hat dieselbe runde Form wie das Oberteil der Windschutzscheibe.
Verdeck ohne Holzkonstruktion.

1974
12 694 Käfer-Cabrios werden hergestellt.
Die Fertigung des Käfers in Wolfsburg wird eingestellt, das Cabrio gibt es aber weiterhin.
Zur Fußballweltmeisterschaft erhält jeder Spieler der deutschen Weltmeisterelf ein Käfer-Cabrio, den ,,World-Cup 74" geschenkt.
Neue Türschlösser und neue Befestigung der vorderen Gelenke.

1975
5 327 Käfer-Cabrios werden hergestellt.
Die Lenkung mit Zahnlenkstange statt mit Getriebe. US-Modelle Einspritzung.

,,World-Cup 74" Sonderanfertigung des Karmann-Cabriolets auf 1303 Basis zur Fußballweltmeisterschaft. Jeder Spieler der deutschen Weltmeisterelf erhält ein Cabrio zum Geschenk.

**Karmann-Käfer-Cabrio Baujahr 1975.
Jetzt mit integrierten Blinkleuchten in der vorderen Stoßstange.**

1976
11 081 Käfer-Cabrios werden hergestellt.
Das Cabrio wird auf 1303-Basis gebaut. Keine wichtigen Änderungen.

1977
14 218 Käfer-Cabrios werden hergestellt.
Sondermodell ,,Champagne". Sie sind weißlackiert, Inneneinrichtung ebenfalls weiß, Verdeck sandfarben. Kopfstützen sind vom Sitz getrennt.

1978
18 511 Käfer-Cabrios werden hergestellt.
Modell Champagne. Keine Änderungen.

1979
19 569 Käfer-Cabrios werden hergestellt.
Die Nachfrage ist immer noch stark, aber die Umweltschutzgesetze sind schließlich stärker als das berühmte Cabrio.

140   *Die Chronik des Karman-Cabriolets*

Ansichten des Karmann-Käfer-Cabrios Baujahr 1979

1980
Die letzten 544 Käfer-Cabrios werden hergestellt.
Die Produktion des Käfer-Cabrios wird eingestellt; insgesamt wurden 331 847 gebaut und verkauft. Weltrekord für ein Cabrio.

Das letzte VW Käfer-Cabriolet

Ein bißchen Wehmut war schon dabei, als am 10. Januar 1980 das letzte VW Käfer Cabrio mit der stolzen Produktionsnummer 331 847 das Fließband in Osnabrück verließ.
Schon um die letzte Rohkarosse hatten sich viele Mitarbeiter versammelt und ein „Abschiedsfoto" geschossen. Und auf einer großen Tafel war zu lesen: „Nach 30 Jahren, nicht zu fassen, willst Du uns heute nun verlassen.
Hochbetagt, doch ewig jung, bleibst Du uns in Erinnerung".

Die Mitarbeiter der Endmontage hatten das letzte Cabrio mit Papierblumen und Girlanden geschmückt. Für den offenen Käfer wurden übrigens von 1949 bis 1980 ziemlich genau 49 800 Waggons mit Material in einem Gesamtgewicht von etwa 209 000 Tonnen angeliefert.

Diese Waggons hätten, aneinandergereiht, eine Länge von rund 700 Kilometern. Das wäre ein Güterzug, der von Osnabrück bis nach Lindau am Bodensee reichte!

142   Die Chronik des Karman-Cabriolets

Das Käfer Cabrio war, wie es ein Automobil-Experte treffend bemerkte, zum Inbegriff des Unverwechselbaren geworden, zum jugendlichen Auto für Individualisten aller Altersgruppen.

Der bewährte Boxermotor der letzten Käfer-Cabriolets hatte einen Hubraum von 1,6 Liter und leistete 50 PS. Der Wagen wog fahrfertig 930 kg. Sein zulässiges Gesamtgewicht betrug 1290 kg. Gegen Aufpreis war er auch mit einem vollautomatischen Getriebe zu haben. Der Kraftstoff-Normverbrauch wurde mit 9,2 Liter Benzin für 100 Kilometer angegeben.

Eines der letzten Käfer-Cabriolets übernahm direkt in Osnabrück übrigens der prominente deutsche Springreiter Alwin Schockemöhle.

In den ersten Tagen des Jahres 1980 verließ das letzte Käfer-Cabriolet die Karmann-Werkshallen in Osnabrück. Das meistgebaute Cabriolet der Welt wurde vom offenen VW Golf abgelöst.

Das letzte Karmann-Käfer-Cabrio Baujahr 1980.

Im Januar 1980 lief das letzte Käfer-Cabrio vom Band, bis dahin waren es insgesamt 331 847 Exemplare.
Das als Typ 15 bezeichnete Cabrio erreichte mit 37 kW (50 PS) eine Höchstgeschwindigkeit von 130 km/h.

Technische Daten:

Vierzylinder-Boxermotor, luftgekühlt, Bohrung: 85,5 mm, Hub: 69 mm, Gesamthubraum: 1584 ccm, Leistung: 50 PS (37 kW) bei 4000 U/min, Höchstgeschwindigkeit: 130 km/h.

Golf-Cabrio überholt "Weltmeister" Käfer-Cabrio.

Der neue Weltmeister:
Am 24. Juni 1991 verließ das 331 848. Golf-Cabriolet die Werkshallen der Wilhelm Karmann GmbH in Osnabrück.
Es ist damit jetzt das meistgebaute viersitzige Cabriolet der Welt.

Am 24. Juni 1991 rollte bei der Wilhelm Karmann GmbH das 331 848 VW-Golf-Cabriolet vom Band. Damit ist ein neuer Weltmeister geboren.
Vom legendären Käfer-Cabriolet wurden zwischen Frühjahr 1949 und Januar 1980 in Osnabrück exakt 331 847 Einheiten produziert.

2.5 Die Polizei-Cabrios

In den frühen Nachkriegsjahren ging die Polizei zu Fuß. Sie besaß nur wenige Kraftfahrzeuge, vornehmlich alte Militärfahrzeuge. Man glaubte im übrigen damals, nur speziell entwickelte Sonderfahrzeuge seien für den Polizeidienst geeignet. So kam es dazu, daß der frühe Käfer eigens für die Polizei zubereitet wurde.

Zu den bekanntesten und am meisten verbreiteten Streifenwagen dieser Art gehörten die von Hebmüller hergestellten Polizei-Cabrios, werksintern mit der Kennziffer 18 A versehen, wobei der Buchstabe A diese ganz besonderen Käfer als Linkslenker auswies.

Als Basismodell diente die im Volkswagenwerk produzierte Serienlimousine vom Typ 11. Bei Hebmüller erhielten die werksneuen Fahrzeuge infolge umfangreicher Umbauarbeiten ein völlig anderes Aussehen. Zunächst wurde das Dach entfernt, ebenso die Türen, sowie die Front-, Heck- und Seitenfenster. Anstelle der Windschutzscheibe installierte man die später als Cabrio-Scheibe bekanntgewordene Frontscheibe, sie besaß einen verstärkten Rahmen und diente zugleich als Auflage und Befestigung für das Klappverdeck. Auch die Seitenpartien änderte man den polizeilichen Erfordernissen entsprechend ab.

Erstes Polizei-Cabrio. Ein Prototyp von Hebmüller auf der Basis des VW Typs.

Die Mittelholme wurden abgeschnitten, die in ihrem oberen Bereich untergebrachten Winker versetzte man vor die vorderen Türholme, und die übrigen Karosserieteile und die Bodengruppe wurden verstärkt. Die hinteren Seitenteile erhielten zusätzliche, großzügig bemessene Öffnungen; so entstand ein Cabriolet mit vier offenen Ausschnitten. Aufrollbare, passend zugeschnittene Segeltuchplanen schützten die Insassen vor Zugwind und Nässe.

Eine Sondervariante dieses frühen Polizei-Volkswagens besaß statt der offenen Ausschnitte vier Metalltüren, an deren Oberteil Steckscheiben befestigt werden konnten. Von dieser Version des Hebmüller-Cabrios - sicherlich die weitaus beliebtere - wurden allerdings nur wenige Exemplare gebaut.

Das Stoffdach des Polizei- Streifenwagens ließ sich weit nach hinten klappen und erlaubte den Insassen ungehinderte Sicht.

Bei späteren Modellen ließ sich das Klappverdeck fast vollkommen versenken; dies war nur möglich, indem man die hinteren Lüftungsschlitze ebentalls entfernte und stattdessen die Motorhaube mit zusätzlichen Schlitzen versah.

Da die Scharnierstangen des Faltdachs außen angeschlagen waren - die Sturmstangen ragten etwa 10 cm über die Karosserie hinaus - und das Verdeck geschlossen einige Zentimeter höher war als das normale Dach, wirkte der VW 18 A wesentlich breiter und größer als die kompakte Limousine.

Die spartanische Innenausstattung entsprach im wesentlichen der des VW Standard-Modells. Den Erfordernissen entsprechend waren die Streifenwagen tannengrün lackiert, je nacn Einsatzzweck matt oder glänzend. Chromteile fehlten völlig.

Lampenzierringe, Stoßstangen, Scheibenräder und Radkappen waren ebenfalls grün gespritzt. Zur weiteren Ausrüstung als Einsatzfahrzeug gehörten ein schwenkbarer Suchscheinwerfer, Blaulicht und Martinshorn oder Sirene (Preßluftfanfare).

Insgesamt 482 Exemplare des VW 18 A wurden von Juni 1948 bis Ende 1949 gebaut. Sie kosteten damals 5 900 DM und waren damit trotz der umfangreichen Umbauarbeiten nur 900 DM teurer als die Standard-Limousine.

Gegen Ende der 40er Jahre versuchten mehrere kleine Karosseriebau-Firmen einen Wiedereinstieg in ihr traditionelles Geschäft der Sonderaufbauten. Sie versahen Serien-Volkswagen mit speziellen Cabrio-Karosserien für den Polizeieinsatz. Doch wurden nur relativ wenige Fahrzeuge gebaut. Die Großserien-Produktion verdrängte die handwerkliche Einzelfertigung.

Neben Hebmüller in Wülfrath befaßte sich auch die ehemalige Kölner Karosseriefirma Franz Papler mit dem Bau offener Polizei-Streifenwagen. Bereits in den 30er Jahren hatte Papler damit begonnen, Sonderfahrzeuge und Spezialaufbauten für Militärkraftwagen herzustellen. Man besaß insofern schon einschlägige Erfahrungen auf diesem Gebiet.

**Polizei-Cabrio ganz ohne Türen rundum offen.
Zur Personensicherung diente lediglich eine Kette.**

Volkswagen Typ 18 A - Hebmüller-Polizei-Streifenwagen von 1949.

482 Fahrzeuge dieses Typs wurden bei Hebmüller gebaut, bevor das Modell Türen bekam und 15 A M 47 genannt wurde. Die Anfänge der Historie dieses Wagens liegen im Dunkel. Klar wird die Geschichte erst Anfang der 60er Jahre, als Ernesto Krause, Leiter der Volkswagen-Interamericana, diesen Wagen in Hamburg auf der Straße sah und ihn unbedingt haben wollte. Studenten fuhren ihn, und ihnen kaufte Ernesto Krause den Wagen ab. Er benutzte ihn bis zu seinem Tode als Freizeitfahrzeug in der Lüneburger Heide. Dann stand der Wagen in der Garage, wurde aber nicht mehr benutzt. 1981 bot Frau Krause den Wagen aus dem Nachlaß ihres Mannes dem Volkswagenwerk als Geschenk für das Museum an. 1983 wurde der 18 A restauriert und steht jetzt wieder in altem Glanz im Auto Museum Wolfsburg.

Technische Daten:

Vierzylinder-Boxermotor, luftgekühlt, Bohrung: 75 mm, Hub: 64 mm, Gesamthubraum: 1131 ccm, Leistung: 25 PS (18 kW) bei 3300 U/min, Höchstgeschwindigkeit: 100 km/h, Fahrgestellnummer: 1-103 325.

Polizei-Cabrio 147

Polizei-Cabrio jetzt auch mit Türen aber nur für den gehobenen Dienstgrad.

Ende der 40er Jahre entstanden neben einigen anderen Modellen auch eine Reihe viertüriger, offener Tourenwagen mit klappbarem Allwetterverdeck aus Segeltuch und Steckscheiben statt Seitenfenstern auf Volkswagenbasis für die Polizei. Der Umbau der Serienlimousine zum VW 18 A dauerte etwa zwei Monate und umfaßte umfangreiche Änderungen an Karosserie und Innenausstattung. Anstelle der üblichen zwei erhielten die von Papler umkarossierten Volkswagen vier Türen und, passend zur Wagenfarbe, mit dunkelgrünem Kunstleder bezogene Sitze mit zusätzlichen Haltegriffen.

Polizei-Käfer-Cabrio mit weiß lackierten Kotflügeln von Karmann Osnabrück in der endgültigen Ausführung.

Im Gegensatz zu den beiden Hebmüller-Versionen war das Klappverdeck innen angeschlagen. Der Wagen war deshalb nur für vier Personen zugelassen.

Auch in Österreich herrschte rege Nachfrage nach geeigneten Polizeifahrzeugen. Zwischen 1950 und 1951 produzierte die im 11. Wiener Bezirk ansässige Firma Austro-Tatra, die frühere österreichische Niederlassung der Tschechoslowakischen Tatra-Werke, insgesamt 203 offene Polizei-Streifenwagen mit vier Türen und Faltverdeck. Auch hier diente die Volkswagen-Limousine als Basis.

Die Wiener Polizei erhielt 150 Stück, die österreichische Gendarmerie die übrigen 53. Abgewickelt wurde dieses Geschäft über die Porsche Konstruktion GmbH, die heutige Porsche GmbH & Co in Salzburg, den Volkswagen-Generalimporteur für ganz Österreich.

Laut Ing. Herbert Kaes, Porsche-Neffe und ehemals enger Mitarbeiter Ferdinand Porsches, später Leiter der Kundendienst-Abteilung bei Porsche Austria, wurden diese Austro-Tatra-Volkswagen des Typs 18 A noch bis Ende der 50er Jahre bei der Polizei verwendet. Sie ähnelten weitgehend der Papler-Version, das Klappverdeck war allerdings, wie beim Polizei-Cabrio von Hebmüller, außen angeschlagen.

Im Laufe der folgenden Jahre ersetzte man diese Polizei-Cabrios durch Serien-Cabrios, die bei Karmann in Osnabrück gefertigt wurden. Bis zum Jahre 1960 waren es nach Angaben des Volkswagenwerks 2105 Cabrios. Nach 1960 wurden Polizei-Cabrios nur noch gelegentlich bei der Bereitschaftspolizei eingesetzt.

1968 Dune Buggy

Unter dem Motto „Spaß mit Volkswagen" waren die Amerikaner sehr erfinderisch. Nicht nur ihr besonderes persönliches Verhältnis zum Käfer kam darin zum Ausdruck, sondern auch die vielfältigen „Variationen zum Thema Volkswagen" sind ein Beweis dafür. Der Dune-Buggy ist sicher nicht aus einem echten Transportbedürfnis, sondern vielmehr aus einer Laune heraus entstanden, den geliebten Käfer auch mit „zum Spielen" an den Strand nehmen zu können.

Zunächst zersägte man alte Käfer und machte aus ihnen offene Strandwagen. Als dann die Aesthetik in den Vordergrund trat, „verpaßte" man dem Käfer-Fahrgestell eine neu gestylte „Fun Karosse". Als besonders gelungen dürfte die hier dargestellte der Firma EMPl bezeichnet werden.

Dune-Buggy der Firma EMPI aus Riverside.
Fahrgestellnummer: 118 695 051

Technische Daten:

Vierzylinder-Boxermotor, luftgekühlt,
Bohrung: 83 mm, Hub: 69 mm,
Gesamthubraum: 1493 ccm,
Leistung: 44 PS (32 kW) bei 4200 U/min,
Höchstgeschwindigkeit: 125 km/h.

1973 Volkswagen Maxi Käfer

Schon lange währt die Partnerschaft zwischen der Fernsehlotterie „Ein Platz an der Sonne" und dem Volkswagenwerk.
1973 wollte man für die gemeinsamen Veranstaltungen etwas Besonders haben, um die Künstler, die sich in den Dienst der guten Sache gestellt hatten, optisch ansprechend transportieren zu können.
750 mm ist dieses Fahrzeug länger als der normale Käfer. Durch besondere Maßnahmen im Hinblick auf die Steifigkeit des Wagens bot er dann 10 Insassen bequem Platz und guten Ausblick.

Auch bei späteren Veranstaltungen jeglicher Art, seien es Schützen- oder Volksfeste, Käfer-Veteranentreffen oder V.A.G-Partner-Jubiläen, war der Maxi stets gern gesehen und erregte große Aufmerksamkeit.

Der Versuchsbau des Volkswagenwerks entwickelte den „Maxi-Käfer".
Fahrgestellnummer: VR 1145

Technische Daten:

**Vierzylinder-Boxermotor, luftgekühlt,
Bohrung: 69 mm, Hub: 77 mm,
Gesamthubraum: 1285 ccm,
Leistung: 44 PS (32 kW) bei 4100 U/min.**

3 Die Geschichte des Motors

3.1 Das Herzstück des Volkswagens

Viele Umwege führen noch nicht zum Ziel.

Millionen Volkswagen laufen in aller Welt, und an diesem Erfolg hat wesentlich auch das Herzstück dieses Wagens, der Motor, seinen Anteil. Daß er so geworden ist, wie man ihn vor 57 Jahren - nach vielen Wegen und Umwegen - schuf, und daß er all die Jahre in der Konzeption unverändert blieb und noch bleiben wird, verdanken wir der Arbeit eines Teams, das unter Professor Dr. Ferdinand Porsche stand. Noch heute, 40 Jahre nach dem Tode des Professors, sind seine damaligen Spitzenkräfte wie Karl Rabe oder Josef Kales gut in Erinnerung denn auch sie waren ja entscheidend für den Volkswagen tätig, auch ihnen ist es zu verdanken, daß diese kleine Geschichte eines Motors viele Fakten enthält und sich nicht in „Geschichtchen" verlaufen muß. Josef Kales, einst Leiter der technischen Entwicklung des Volkswagenwerkes, war vom ersten Tage an mit dabei und für die Motorenentwicklung verantwortlich. Oberingenieur Karl Rabe, einst Chefkonstrukteur bei der Porsche KG, kam 1930 gemeinsam mit Kales von Steyr zu Dr. Porsche. Oberingenieur Franz X. Reimspiess, einst Konstrukteur bei Porsche, kam 1934 dazu und war maßgebend an der Motorenentwicklung mitbeteiligt.

Neben Notizen von Ferry Porsche, sowie der ältesten Mitarbeiter des Professors dienten als Unterlagen Veröffentlichungen verschiedener Automobil-Zeitschriften.

1898
der erste Boxermotor

Motoren aller Zylinderzahlen vom Einzylinder- bis zum Zwölfzylinder wurden im Laufe der Jahrzehnte in Automobile eingebaut oder zumindest erprobt.
Man ordnete die Zylinder stehend und hängend, liegend oder geneigt an, in einer Reihe oder in V-Form, als Stern oder gegenüberliegend, also in Boxer-Anordnung. Damit ist das erste Stichwort gefallen, Boxermotor.

Die zwei, vier, sechs oder acht Zylinder liegen sich gegenüber. Das ergibt einen guten Massenausgleich und gestattet eine kurze, gedrungene, niedrige Bauart mit tiefem Schwerpunkt. All das, was man für ein Automobil gut gebrauchen kann.

Aber das hat Carl Benz sicher gar nicht voll erkannt, als er 1898 einen Boxermotor baute, um die damals neu geschaffene Niederspannungs-Magnetzündung zu erproben. Übrigens nannte er den Motor nicht Boxermotor, sondern Kontramotor.
Viel später wurde dieser Zweizylinder-Boxermotor eine beliebte Motorbauart, so etwa ab 1922 in Motorrädern von Mars und Victoria.

Die Geschichte des Motors 153

Boxermotor schon 1898. Kontra-Motor nannte Carl Benz diesen gegenläufigen Zweizylinder der schon vor der Jahrhundertwende entstand.
Er sollte die Bosch-Niederspannungs-Magnetzündung erproben.
Zwei Ausführungen: 1,7 Liter Hubraum und 5 PS und 2,5 Liter und 9 PS bei 1000 U/min. Der Wagen erreichte damit eine Spitze von 50 km/h und das war 1898 ein Wort!

1924

BMW zeigte erstmals einen 500-ccm- Zweizylinder-Boxermotor seitengesteuert mit 8,5 PS bei 3300 U/min. Damit begann die berühmte Reihe der BMW-Kardan-Motorräder. Wie elegant solch Boxermotor werden kann, zeigt uns schon eine Ausführung aus dem Jahre 1927, diesmal als OHV, d. h. mit hängenden, durch Stoßstangen und Kipphebel gesteuerten Ventilen.
Dr.-Ing. Hans Ledwinka, Chefkonstrukteur der Tatra-Werke, dessen bedeutender Einfluß auf den internationalen Automobilbau bekannt ist, kam bereits 1924 mit einer sehr modernen Wagen-Konstruktion mit Zentralrohrrahmen heraus. Den vorderen Abschluß bildete der Block eines luftgekühlten Zweizylinder - Boxermotors.

Besonders nett ist es noch - als kleine Einfügung - daß in den 20er Jahren ein Kleinwagen auftauchte, und zwar von den Avis-Werken in Wien.

154 Die Geschichte des Motors

Auch er hatte schon einen Boxermotor (Zweizylinder mit 20 PS) und stammte von einem Ingenieur Kales, der viel, viel später für den Volkswagenmotor verantwortlich zeichnete.
Doch wir suchen ja die Urväter des Volkswagen-Motors, und mit dem „Boxer" allein ist es noch nicht getan.
Er soll nicht nur zwei, sondern vier Zylinder haben. Und da sind es wieder die Tatra-Werke, die bereits 1928 mit einem gebläseluftgekühlten Vierzylinder-Boxermotor erscheinen.
Dieser Motor, der für den Tatra Typ „54" bestimmt war, hatte einen Hubraum von 1,5 Liter und war, damals sehr beliebt, ein ausgesprochener Langhuber mit 95 mm Hub gegenüber 70 mm Bohrung.

Weniger bekannt, aber sauber und durchdacht in der Konstruktion, als Beispiel von jenseits des großen Teiches, war auch der Continental- Motor aus dem Jahre 1932, mit ebenfalls mit vier Zylindern und Luftkühlung.

„Vierzylinder-Boxer-OHV-Luftkühlung, das haben wir nun erreicht," sagte Porsche.

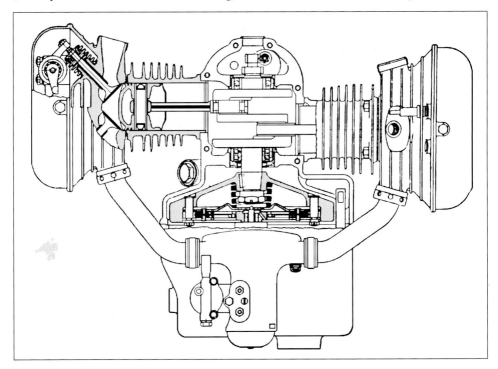

Einen sehr eleganten und erfolgreichen Zweizylinder-Boxermotor entwickelte BMW 1924 für seine Motorräder. Im Bild die Ausführung von 1927 hier als OHV mit hängenden Ventilen und Stoßstangensteuerung.

Doch für den Volkswagen war und ist noch etwas anderes sehr entscheidend, und zwar der ganz bestimmte Einbau dieses Motors in das Heck des Wagens.

Hecktriebsatz, ein springender Punkt. Heute weiß man mehr denn je, daß langsam, aber sicher dem geschlossenen Triebwerk die Zukunft gehört, obwohl noch so viele Wagen mit vorn stehendem Motor und Hinterradantrieb und der dann dazwischen nötigen, raumkostenden Kardanwelle gebaut werden.

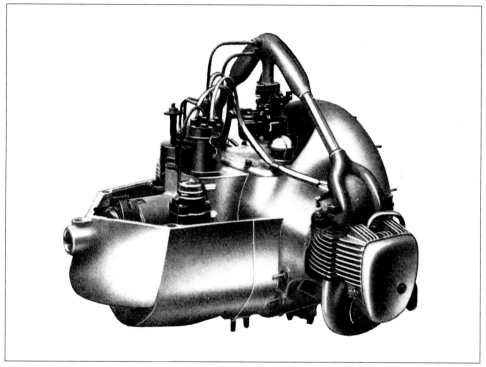

Für den gesamten Autobau entscheidend war Jahrzehnte der Einfluß der Tatra-Werke durch ihren Chefkonstrukteur Dr. Hans Ledwinko. Bereits 1928 entstand dort ein luftgekühlter Vierzylinder-Boxermotor mit 1,5 l Hubraum.

Die Zusammenfassung des Triebblocks zu einem Frontantrieb oder zu einem Hecktriebsatz, das ist das Ziel, und das hielt Professor Porsche von Anfang an für die Lösung beim Volkswagen. Der als Entwicklungsingenieur bekannte Bela Barenyi hat schon als junger Wiener Student 1926 die für den späteren Volkswagen typische Triebwerkanordnung in der Zeichnung für eine Fachschulprüfung konzipiert. Rohrmittelträger, luftgekühlter Vierzylinder-Boxermotor mit längsliegender Kurbelwelle hinter der Hinterachse angeordnet; Getriebe vor der Hinterachse; Differential dazwischen; Antrieb über Pendelachsen.

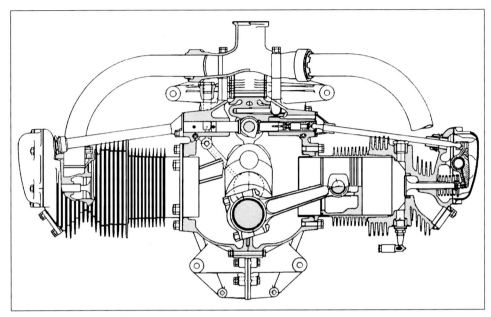

Und sogar in den USA bekommen Motorenhersteller vereinzelt Interesse am luftgekühlten Vierzylinder-Boxer. Hier ein Modell mit stehenden Ventilen gedacht als Kleinflugmotor. Damals schrieb die Motor-Kritik: Nun sind die amerikanischen Continental-Motorenwerke mit einer Maschine herausgekommen, die alle Vorzüge des Boxer-Vierzylinders, wie geringes Gewicht und niedrige Schwerpunktlage besitzt und gleichzeitig dynamisch korrekt ist.

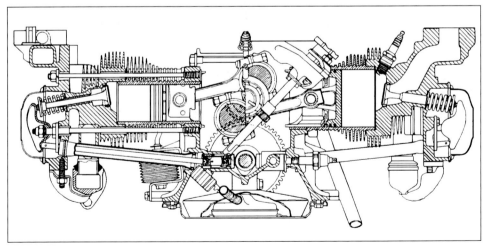

Querschnitt durch einen Chevrolet-Corvair-Motor.

Die Geschichte des Motors

Und noch ein Zwischenspiel: 1932 liefen bei der Hanomag in Hannover Versuchswagen durch das Land, in denen Oberingenieur Pollich seine großen Erfahrungen mit dem kleinen Einzylinder-Hanomag verwertet hatte.
Auch hier beim „neuen Hanomag" ging es um ein Triebwerk, das durch seine geschlossene Bauweise überzeugte, das der eben gekennzeichneten Konzeption entspricht, nur mit einem wassergekühlten Boxermotor.
Leider wurde diese Entwicklung bei Hanomag zugunsten traditioneller Automobile sehr bald eingestellt.

Professor Dr.-Ing. h.c. Ferdinand Porsche

Nachdem sein Name bisher nur einmal in diesem kleinen historischen Rückblick auftauchte, wird es nun Zeit, den „Professor" vorzustellen, der mit seinem tüchtigen Team in den 30er Jahren den Volkswagen auf die Beine gestellt hat. Seine und seiner Mitarbeiter Verdienste sollen auch dadurch, daß wir von einigen der „Urväter" berichteten, keineswegs geschmälert werden.

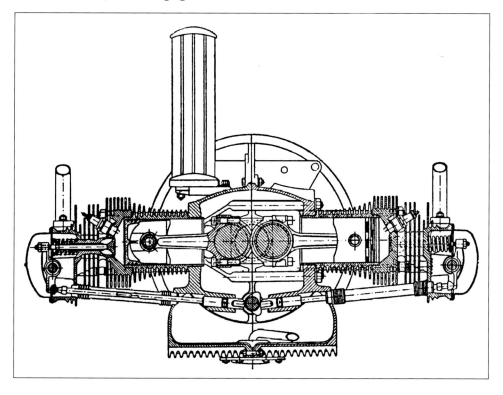

Wie sich die Bilder gleichen. So sah dann letzendlich der VW-Motor 1937 aus. Querschnitt der Volkswagen-Triebwerk-Konzeption, dargestellt mit Ölkühler.

158   Die Geschichte des Motors

Professor Dr.-Ing. Ferdinand Porsche, geboren 1875 in Maffersdorf bei Reichenberg, starb 1951 in Stuttgart.

Er bereicherte das Kraftfahrzeug durch eine Fülle von Konstruktionen.
1899 begann Porsche als Elektrotechniker bei Lohner & Co. in Wien und entwickelte elektrische Radnabenmotoren.
1906 technischer Direktor bei den österreichischen Daimler-Motoren-Werken,
1916 Generaldirektor bei Austro-Daimler.
1923/28 technischer Direktor der Daimler-Motoren-Gesellschaft in Stuttgart, später Daimler-Benz.
1929 technischer Direktor bei den Steyr-Werken.
1930 Gründung der Dr.-Ing. h. c. Porsche GmbH, später KG, in Stuttgart.
Hier entstanden Auto Union-Rennwagen und der Volkswagen, um dessen Motor es uns hier geht.

Porsche hatte die Kleinwagenidee schon lange mit sich herumgetragen.

"1922 versuchte er, den abgewandelten Typ Sascha bei Austro-Daimler schmackhaft zu machen", so schrieb später sein Sohn Ferry.
Aber die Zeit war damals noch längst nicht reif.

Natürlich kannte auch Porsche den Boxermotor, als er an die interessante und große Aufgabenstellung „Volkswagen" - nicht zu groß und nicht zu klein, nicht zu primitiv und nicht zu luxuriös, nicht zu langsam und nicht zu schnell und so sparsam - heranging. Er hatte ja selbst 1912/13 für Austro-Daimler bereits einen luftgekühlten Zweizylinder-OHV-Boxermotor entwickelt.

Die Liebe zum luftgekühlten Boxermotor war bei Professor Dr. Porsche sehr alt. Bereits aus dem Jahre 1912/13 stammt dieser Austro-Daimler-Flugmotor, ein Zweizylinder-OHV.

Umwege immer nur Umwege

So geht es nicht nur in der Technik, wenn man große Aufgaben meistern will.
Und später kann man dann leicht sagen, ,,warum nicht gleich".

1931

Porsche begann in seinem Stuttgarter Konstruktionsbüro immer wieder über einen volkstümlichen Wagen zu diskutieren, bis dann Dr.-Ing. Fritz Neumeyer, Inhaber der Zündapp-Motorradwerke, einen Versuchsauftrag gab. Aber schon der Motor dieses Prototyps als Fünfzylinder-Stern mit 1200 ccm und 26 PS bei 3600 U/min war nicht das Richtige für ein Volks-Automobil. Drei Zündapp- Porsche-Prototypen baute er, aber als sie auf ihre erste Probefahrt gingen, kochte nach 10 km bereits das Öl aus dem Motor.
Zudem zeigte sich, daß der Sternmotor für jegliche Reparatur viel zu schwer zugänglich war.

Auch in der Herstellung wurde dieser Fünfzylinder- Sternmotor zu teuer.

Aber gleich danach wagte sich schon wieder jemand an das verzwickte Problem heran, und zwar die NSU-Werke in Neckarsulm. Sie stellten Forderungen, gaben den Auftrag, und das Ergebnis war 1933 bereits fertig, der erste wirkliche Prototyp des späteren ,,Volkswagens", in der Gesamtkonzeption und besonders auch in der Triebwerkgestaltung.

Dieser luftgekühlte Vierzylinder-Boxermotor hatte allerdings noch einen Hubraum von 1448 ccm war mit 80 mm Bohrung gegenüber 72 mm Hub bereits ein Kurzhuber und erreichte bei dem Verdichtungsverhältnis von 5,3 : 1 eine Leistung von 20 PS bei 2600 U/min. Trotz umfangreicher und erfolgversprechender Versuchsfahrten klappte es wieder nicht, zumal NSU damals den Wagenbau an Fiat in Heilbronn übertragen hatte und nur noch Zweiräder produzierte.

Doch endlich wird es ernst, endlich waren alle Voraussetzungen für die Schaffung eines serienreifen Volkswagens gegeben. Da nun kommen wir nicht um einen politischen Satz: Eine Diktatur wird dadurch nicht menschlicher daß sie nebenbei auch Vernünftiges schafft so wie das dritte Reich die Autobahn und den Volkswagen.
Es ist eine historische Tatsache, daß die Macht und der Wunsch Hitlers dazu führte, daß 1934 der Vertrag zwischen dem Porsche-Konstruktionsbüro und dem damaligen Reichsverband der Automobilindustrie abgeschlossen wurde.

Damit konnte der Professor mit allem Schwung und allen Mitteln auf das Ziel losgehen. Ein Kreis besonders tüchtiger Konstrukteure stand ja in dem Porsche-Konstruktionsbüro in Stuttgart bereits zur Verfügung.

160 *Die Geschichte des Motors*

Bei einem Prototyp den Porsche 1932 für Zündapp baute war ein Fünfzylinder-Sternmotor eingebaut reichlich teuer und kompliziert. Im Jahre 1933 aber entstand bereits für NSU ein Motor, den man als unmittelbaren Vater des Volkswagenmotors bezeichnen muß: Vierzylinder-Boxer mit Gebläseluftkühlung. Hubraum 1448 ccm, Bohrung 80 Hub 72 mm, 20 PS bei 2600 U/min. Übrigens, das Kühlluftgebläse befand sich bei diesem Motor auf der Kurbelwelle.
Aber so schön das war, es klappte noch nicht mit diesem, mit Kurbelwellendrehzahl und damit verhältnismäßig langsam laufendem, Gebläse.
Erst 25 Jahre später, beim VW 1500, wußte man wie das zu machen ist.

Zweitakter immer wieder Zweitakter.

Das soll gar nicht verschwiegen werden, denn der Professor wollte nur den Zweitaktmotor wegen seiner überzeugenden Einfachheit und der einfachen und billigen Herstellung. Allerdings sofort mit einer getrennten Schmierung wobei die Schmierölmenge dem, erst sehr viel später erreichten, Mischungsverhältnis von etwa 1 : 40 entsprach. Bosch hatte hierfür eine Fünfzylinder-Taumelscheiben-Schmierölpumpe entwickelt.

Trotz allem Bemühen war der Zweitakter vom ersten Tage an nicht autobahnfest. Immer wieder Änderungen, immer wieder neue Prüfstandversuche bei der Technischen Hochschule in Stuttgart, da man noch keinen eigenen Prüfstand hatte.

Es ging dabei ausschließlich um den Doppelkolben-Zweitakter mit Flachkolben und Schnürlespülung. Zu heiß wurde natürlich immer die Auspuffseite. Und dabei, so meinte der Professor, beim Puch- Motor mit Doppelkolben in dem damals sehr bekannten Motorrad, ginge es doch. Dieser Motor war autobahnfest und deshalb holte man sich von Puch den Ingenieur Rupilius.

Wieder neue Versuche, wieder ständiges Kolbenfressen! Jetzt kam man zu einer überraschenden Feststellung. Die Dauerbelastung beim Auto ist höher und zwar deshalb, weil der Wagenfahrer Kilometer um Kilometer stur mit Bleifuß und damit Vollgas fahren kann. Der Motorradfahrer hält das physisch gar nicht aus nimmt immer wieder einmal Gas weg und das genügt um den Motor zu entlasten und zu kühlen.

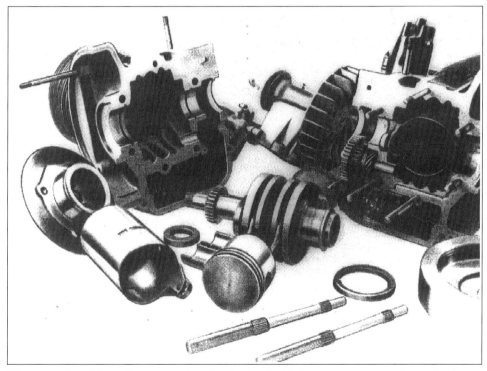

Was wurde nicht alles versucht. Auch der Schiebermotor, zunächst mit einem Röhren-Schieber zwischen Zylinder und Kolben der durch ein Pleuel gesteuert wird. Da das Pleuel immer abriß, ging man dann zu einer Nockensteuerung mit Drehstabrückholfeder über.

In dieser Ausführung zeigt unser Bild die Einzelheiten aus dem Jahre 1935. Übrigens ist es ein Zweizylinder-Boxer, der als Schiebermotor nie auf ausreichende Leistung kam.

Oder genügen zwei Zylinder?

Selbstverständlich wäre das billiger, und deshalb ließ man auch einen Zweizylinder-OHV-Boxermotor von Oberingenieur Reimspiess durchrechnen und konstruieren. Schon 1935 war dieser Zweizylinder-Boxer OHV fertig und wir sehen alle seine Einzelteile. Aber zwei Zylinder genügten einfach nicht für dieses universelle Fahrzeug an das man bewußt nicht zu geringe Ansprüche stellte. Gerade beim Motor wollte man nicht sparen, und das ist mit ein Grund dafür, daß die endgültige Lösung der Vierzylinder-Boxer - über Jahrzehnte Bestand hatte.

Da man mit dem Schieber kein rechtes Glück hatte, baute man 1935 noch einen einfachen Zweizylinder-Boxermotor OHV der auch auf Anhieb gelang.
Aber trotz der Verbilligung durch die nur zwei Zylinder entschloß man sich für den zwar aufwendigeren, aber ausgeglicheneren und elastischeren Vierzylinder.

1936

Inzwischen war es 1936. Man ist immer noch mit dem Zweitakter beschäftigt.
Der Professor bekommt ständig Wutanfälle und zertritt den eigenen und fremde Hüte.
Nachdem die Arbeitsfront genügend Geld bereitgestellt hat, werden im Laufe der Zeit 20 Motoren mit einem Dutzend verschiedener Systeme ausprobiert!

Die Geschichte des Motors

Erst viel später, 1939 war der Zweitakter für den Volkswagen o.k. Erreicht war das durch einen altbekannten Trick, nämlich durch extrem kleine Auslaßkolben und eine ausgeklügelte Kühlrippengestaltung. So ganz nebenbei wollte der Professor gleich noch den nächsten Schritt tun und den Zweitakter mit Einspritzung bauen.

Bereits 1938 war ein Lizenzvertrag mit Bosch abgeschlossen, wonach man in dem schon damals im Aufbau befindlichen Volkswagenwerk nach Bosch-Zeichnungen Einspritzpumpen selbst bauen konnte.

Auch als die Entscheidung für den Viertakter bereits gefallen war, meinte Professor Porsche spätestens 1944 soll aber dieser Viertakter wieder gegen einen Zweitakter ausgetauscht werden.

Das also war die Geschichte des Zweitakters für den Volkswagen, die 1934 begann und eigentlich nur deshalb viele Jahre später endete, weil inzwischen der Volkswagen mit dem Vierzylinder-Viertakt-Boxermotor bereits harte Bewährungsproben bestanden hatte.

Ende 1936 starteten drei Prototypen unter Kontrolle des Reichsverbandes der Automobil-Industrie und der Technischen Hochschulen Berlin und Stuttgart zu Großversuchen über 50 000 km.

Doch das ist eine Geschichte für sich.

Es ist erreicht ...

Nachdem man so viele Zweitaktmotoren auf ihre Eignung für den künftigen Volkswagen erprobt hatte, hieß es dann eines Tages auch

... oder mit Schieber?

Also weg von den Ventilen zur Steuerung von Einlaß und Auslaß „versuchen wir es doch einmal mit einem Schiebermotor".

Dazu benutzte man einen Röhren-Schieber, der zwischen Kolben und Zylinder als ebenfalls zylinderförmiger Schieber, durch eine Sonderpleuelstange betätigt wurde. Beliebt und gefürchtet, das war der Professor Porsche. Als dieser Schiebermotor nicht zu bewegen war eine einigermaßen vernünftige Leistung abzugeben sagte er trocken aber laut „eine typische Konstruktion des Portiers vom Marquardt" (damals berühmtes Hotel in Stuttgart). Nachdem nun auch noch die Pleuel des Schiebers abrissen, versuchte man es mit einer Nockensteuerung und einer Drehstabrückholfeder.

Aber auch das war nicht das wahre Glück.

Auf dem Weg zur Lösung

Die Zeit lief weg, die Versuchswagen brauchten Motoren die allen Belastungen genügten und vor allem autobahnfest waren. Deshalb bekam das Konstruktionsteam schon frühzeitig von Dr. Porsche den Auftrag, so nebenbei einen Motor zu konstruieren, wie ihn Oberingenieur Kales schon 1933 für NSU entwickelt hatte: Vierzylinder-Boxer-OHV luftgekühlt. Nur sollte 1936 der Hubraum von 1,5 auf 1,0 Liter (genau 985 ccm) verringert werden. Das geschah und damit war der Volkswagenmotor geboren und lief vom ersten Tage an überraschend gut...

Betrachten wir heute diesen Motor von 1936, so sehen wir alle typischen Merkmale von heute: Vierzylinder, Boxer, OHV mit Stoßstangen unter den Zylindern angeordnet, Flachbau des ganzen Motors.

Allerdings das Zubehör baute gar nicht flach. Das ganze Aggregat wurde durch den (später) aufgestellten Ölkühler und das aufgesetzte Gebläse und die Vergaseranlage unverhältnismäßig hoch. Dabei blieb allerdings der Schwerpunkt niedrig, weil es sich hier um leichte Teile handelt.

Erst 25 Jahre später wurde auch das Zubehör ganz flach aufgesetzt und gestaltet, doch damit kommen wir bereits zum VW 1500, und wir befinden uns ja noch in den 30er Jahren.

Jetzt 1936 ist der Volkswagenmotor geboren. Vom ersten Tage an hatte er die Grundform in der dieser Motor später millionenfach gebaut wurde. Vierzylinder-Boxer-OHV, gebläseluftgekühlt. Zunächst mit einem Hubraum von 985 ccm und 23,5 PS Leistung bei 3000 U/min.

Ein Zwischenspiel: Der RDA tagt

Anfang 1936 war noch alles offen, als der Reichsverband der Deutschen Automobilindustrie in Berlin zusammensaß. Die Spitzen der deutschen Automobilindustrie waren unter dem Vorsitz des RDA (Dr. Allmers) zusammengekommen.
Namen von Rang und Klang, u. a. Hagemeier (Adler), Dr. Bruhn (Auto Union), Fiedler (BMW), Dr. Kissel (Daimler-Benz), Dr. Borgward (Hansa-Lloyd), von Falkenhayn (NSU), Dr. Porsche sen. und Porsche jun.
Es ging hoch her. Zum Motor, unserem Thema, stellte Dr. Allmers fest, daß Dr. Porsche sich noch nicht darüber klar sei, welche Motorkonstruktion in Frage komme. Die Elastizität (Leistung in den unteren Drehzahlen) des Zweizylinder-Viertakters sei nach Ansicht von Obering. Schirz (RDA), nicht ausreichend.

Der konstruktiv noch nicht abgeschlossene Vierzylinder-Viertakter sei vielleicht die endgültige Lösung. Mit dieser offenen Aussprache war eigentlich die Entscheidung für den Motor gefallen, so wie er heute noch ist.

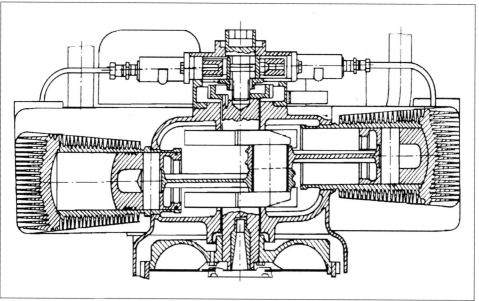

In den harten Jahren nach dem zweiten Weltkrieg wurde vieles versucht, denn damals war noch die Frage offen, ist ein 1,2 Liter Otto-Motor für einen Volkswagen überhaupt das Richtige oder vielleicht ein weit kleinerer Motor oder gar ein Dieselmotor.
Hier von den zahlreichen Prototypen die im Werk und in Konstruktionsbüros entstanden, ein Zweizylinder-Dieselmotor aus dem Jahr 1949, aber auch nur ein Zwischenspiel.

Dreimal 50 000 km

Noch zum Herbst 1936 ist es geschafft, der Vierzylinder-Boxermotor mit 985 ccm mit Bohrung/Hub 70/64 mm, mit dem Verdichtungsverhältnis 5,6 : 1, mit 23,5 PS Leistung bei 3000 U/min, ist fertig für die Dauerläufe. Übrigens ein ausgesprochener Kurzhuber und das war damals im „Zeitalter der Langhuber" eine Sensation.
Eine Kommission des RDA und Ingenieure der Technischen Hochschulen Berlin und Stuttgart gehen nun an die Arbeit.
In zwei Fahrschichten wurden täglich durchschnittlich 750 km mit Spitzen von 1400 bis 1500 km zurückgelegt. Am 22. Dezember 1936, also nach etwas mehr als 2 Monaten, hatten die 3 Fahrzeuge die vorgeschriebene Dauerprüfung über zusammen 150 000 km erfolgreich abgeschlossen.
Welche gewaltigen Leistungen die Versuchsfahrer und Wagen hierbei vollbringen mußten - die tägliche Fahrzeit betrug 13 bis 15 Stunden - kann man sich gut vorstellen.
Zwischendurch, also bei Nacht, erfolgten die üblichen Wartungsdienste und notwendig gewordenen Instandsetzungsarbeiten, während die Ölwechsel nach je 6000 km vorgenommen wurden.

1937
Das war die „VW-3-Serie". Jetzt übernahm Daimler-Benz den Bau der VW-30-Serie und diese 30 Volkswagen legten 1937 bereits zwei Millionen Versuchskilometer zurück!
Es blieb also beim Vierzylinder. Dem allerersten Volkswagen-Motor fehlte eigentlich nur ein später typisches Merkmal, nämlich der Ölkühler, der aber auch bereits ein Jahr nach der Geburt des Motors, nämlich 1937, hinzu kam.

Man muß sich doch einmal klarmachen, daß es damals alles andere als naheliegend war einen so „rauhen, lauten" Motortyp, wie einen luftgekühlten Boxer zu wählen. Nur wenige erkannten die Bedeutung der Luftkühlung voll an, die dem Motor sehr schnell die Betriebstemperatur gibt und kein zusätzliches Element wie das Wasser braucht, das bei Kälte noch besonders gegen Einfrieren geschützt werden muß.
Eine erfolgreiche Geräuschsenkung bei der Luftkühlung gelang allerdings erst viel später. Aber auch sonst war es alles andere als einfach, die volle Anerkennung für diese Lösung zu finden.

Ein Mitarbeiter der Konstruktionsabteilung schrieb dazu: Als die Einzelheiten der Konstruktion bekanntgegeben wurden, schüttelte mancher Fachmann voller Skepsis den Kopf. So gab es nur wenige Automobilproduzenten, die das Risiko, ihre Motorgehäuse aus dem damals noch sehr teuren Aluminiumguß herzustellen, zu tragen bereit waren. An den noch viel leichteren, dabei aber besser und schneller bearbeitbaren Magnesiumguß, hatte sich jedoch niemand herangewagt. Der Grund dafür lag im wesentlichen in der temperaturabhängigen Unbeständigkeit des Magnesiums, als Folge seines großen Wärmeausdehnungskoeffizienten und der geringeren Festigkeit.

Porsche, immer an die Großserienfertigung denkend, suchte und fand die notwendigen kompensierenden Gegenmaßnahmen. Nach einer Serie von umfangreichen und kostspieligen Vorversuchen, konnte das Volkswagenwerk in den Nachkriegsjahren sowohl das Motor- als auch das Getriebegehäuse sogar auf Magnesiumdruckguß umstellen, was weitere Vorteile in bezug auf Gewicht, Steifigkeit und Preiswürdigkeit brachte. Demgegenüber gibt es wohl auch noch heute kein zweites Automobilwerk, das Motorengehäuse aus Magnesiumdruckguß großserienmäßig verwendet. Aber damit greifen wir schon wieder in die spätere Entwicklung des Volkswagenmotors. Was man jetzt 1937 erreicht hatte und was bald volle Anerkennung fand, war ein unbedingt autobahnfester Motor, in der Drehzahl begrenzt, also gedrosselt, dadurch mit geringem Zylinder- und Kolbenverschleiß. Auch die Kurzhubigkeit hatte hieran ihren Anteil.

Schon ein Jahr später, also 1937, bekommt der Volkswagenmotor auch noch den für ihn so typischen Ölkühler.

168 *Die Geschichte des Motors*

Ergebnis, Höchstgeschwindigkeit und Dauergeschwindigkeit waren mit 100 km/h indentisch und zwar bei nur 3000 U/min Motordrehzahl und einer Kolbengeschwindigkeit von nur 64 m/sec. Allein bei diesen Zahlen und Angaben ist es verständlich, daß der Motor später gerade auch durch seine Lebensdauer berühmt wurde.

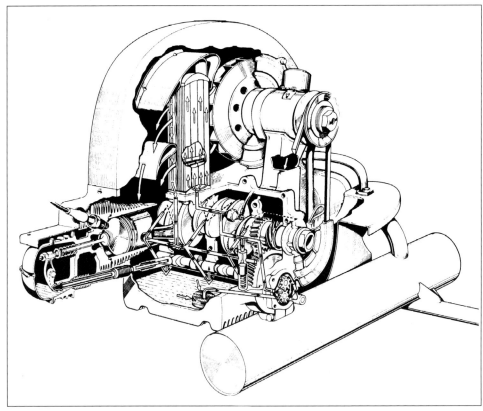

Das ist nun der Motor des Volkswagens mit dem aufgesetzten Kühlluft-Gebläse und dem Ölkühler. Der Zylinderschnitt zeigt Einzelteile des Kurbeltriebs und der Venilsteuerung

3.2 Motorbeschreibung

Der Volkswagenmotor ist ein Vierzylinder-Otto-Motor mit Gebläse- bzw. Luftkühlung, dessen Zylinder einander paarweise gegenüberliegen (Boxerbauart).

Er ist im Heck des Wagens eingebaut und an das im Rahmen hängende Getriebe angeschraubt. Im Lauf der Jahre wurden, dem sich ändernden Stand der Technik folgend, an vielen seiner Einzelteile Verbesserungen vorgenommen.

Die Geschichte des Motors 169

Kurbelgehäuse

Das Kurbelgehäuse ist aus einer Aluminium- und später aus einer Magnesiumlegierung. Es wird im Druckgußverfahren hergestellt. Es besteht aus zwei Teilen, die in der Ebene von Kurbel- und Nockenwelle miteinander verschraubt und so auch gemeinsam bearbeitet wurden.

Kurbelwelle

Die Kurbelwelle ist aus Stahl geschmiedet. Da beim Boxer die freien Kräfte aus den hin- und hergehenden Massen fast vollständig ausgeglichen sind, kann man sich aber hier mit drei Grundlagern und einem Hilfslager begnügen. Das vierte, im Durchmesser etwas kleinere Lager, ist am hinteren Wellenende zwischen dem Nockenwellen-Antriebsrad und der großen Keilriemenscheibe angeordnet.
Sämtliche Lagerstellen der Kurbelwelle sind induktiv gehärtet und ruhen in Leichtmetallagern mit zum Teil verbleiter Oberfläche. Nur das mittlere Lager, zwischen der zweiten und der dritten Kröpfung, ist ein geteiltes Dreistofflager.
Lager 1, das erste nach dem Schwungrad also, nimmt die Axialkräfte, speziell beim Kupplungtreten, auf.

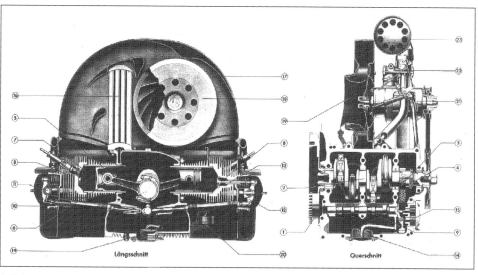

1 Schwungrad,
2 Kurbelwelle,
3 Kurbelwellenrad,
4 Zündverteilerantriebsrad,
5 Pleuelstange,
6 Kolben,
7 Zylinder,
8 Zylinderkopf,
9 Nockenwelle,
10 Stösselstange,
11 Kipphebelachse,
12 Kipphebel,
13 Ventil,
14 Ölsieb,
15 Ölpumpe,
16 Ölkühler,
17 Kühlgebläsegehäuse,
18 Kühlgebläserad,
19 Drosselring,
20 Thermostat,
21 Lichtmaschine,
22 Vergaser,
23 Luftfilter.

Das stählerne Schwungrad, in dessen Stirnverzahnung beim Starten das Ritzel des Anlassers eingreift, sitzt mit vier Paßstiften auf der Stirnfläche der Kurbelwelle und wird an dieser mit der zentralen Hohlschraube befestigt. Ein Messing- und später ein Nadellager in dieser Schraube dient zur Führung der Getriebeantriebswelle, auf die mit einer Kerbverzahnung die Kupplungsscheibe aufgesteckt wird.

Die Antriebsräder für die Nockenwelle und den Zündverteiler, sowie die Keilriemenscheibe sind hinten auf die Kurbelwelle aufgeschoben und durch eine Sechskantschraube befestigt. Der Kraftschluß erfolgt durch Längsnut und Scheibenfeder.

Die Abdichtung nach vorn gegen das Schwungrad, geschieht durch eine Lippendichtung (Simmerring), nach hinten dagegen durch eine Ölablenkscheibe und ein Rückfördergewinde in der Nabe der Keilriemenscheibe.

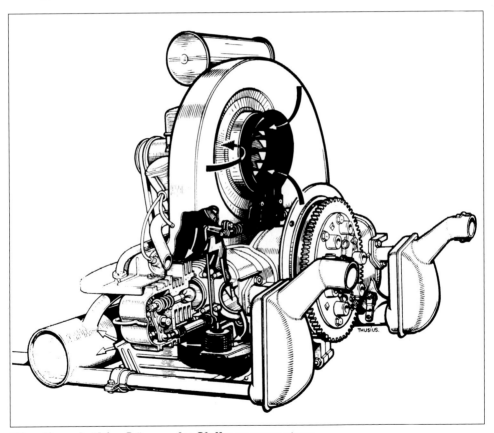

Hier die endgültige Lösung des Volkswagenmotors.
Man erkennt gut die Lage der Zylinder, die ausgeklügelte Verrippung der Zylinder sowie die Anordnung des Kühlgebläses.

Pleuelstangen

Die Pleuelstangen mit I-förmigem Querschnitt sind ebenfalls aus Stahl geschmiedet. Sie laufen auf dem Kurbelzapfen in geteilten, auswechselbaren Bleibronze-Lagerschalen. Zur Lagerung der Kolbenbolzen sind in die Augen Buchsen eingepreßt.
Das in Fahrtrichtung 1. und 3. Pleuel ist den Zylindern auf der linken Seite zugeordnet, das in Fahrtrichtung 2. und 4. somit denjenigen auf der rechten Seite.
Dem Abstand der Kurbelkröpfungen entsprechend ist also der linke vordere Zylinder der in Fahrtrichtung erste.

Bei einem Motor, dessen Zylinder nicht alle in einer Reihe liegen, wie beim Boxer, beginnt man nun aber, der Norm entsprechend, beim Zählen mit der in Fahrtrichtung gesehen horizontalen rechten Reihe und zählt in dieser von vorn nach hinten, erst dann ist die im Drehsinn des Uhrzeigers nächste Reihe dran. Daraus ergibt sich somit nachfolgende Numerierung, die auch bei der Zündfolge beachtet werden muß: 1-3-4-2. Diese Ziffern findet man auch in den Motorabdeckblechen neben den Löchern für die Kerzenstecker eingeprägt.

Kolben

Die Leichtmetallkolben mit Spezialstahleinlagen zum Regulieren der Wärmeausdehnung tragen je zwei Kompressionsringe und einen Ölabstreifring.
Die Kolbenbolzen sind in den Pleuelbuchsen schwimmend gelagert und gegen seitliches Auswandern durch Sicherungsringe gesichert.

Zylinder

Die vier Zylinder sind einzeln aus Spezialguß gefertigt, sie haben alle die gleiche Form und tragen zur Kühlung radiale Rippen. Wenn nötig können Sie, zusammen mit den passenden Kolben, einzeln ausgewechselt werden.

Zylinderköpfe

Jedes Zylinderpaar trägt einen gemeinsamen Zylinderkopf aus Leichtmetall mit einer angegossenen Kammer für die Aufnahme der Kipphebelachse. Die Kammer wird mit einem Blechdeckel und einer Federkammer öldicht verschlossen.

Beide Zylinder sind im Zylinderkopf zentriert. Mit langen Stiftschrauben sind die Zylinderköpfe und Zylinder gemeinsam am Kurbelgehäuse festgeschraubt.
Die vier Ventile, je eins für Einlaß und Auslaß pro Zylinder, sind hängend im Zylinderkopf angeordnet. Ventilsitzringe und Führungen für die Ventile werden in unterkühltem Zustand eingeschrumpft. Die Zylinderköpfe sind völlig symmetrisch aufgebaut, der linke und der rechte Kopf sind also baugleich.

Nockenwelle

Die Nockenwelle ist im Kurbelgehäuse unter der Kurbelwelle angeordnet und läuft ab Modelljahr 1966 in drei geteilten Stahllagern mit Weißmetall-Lauffläche, bis dahin unmittelbar im Gußgehäuse. Sie wird von einem schrägverzahnten Stirnradpaar mit halber Kurbelwellendrehzahl angetrieben. 2 Einlaß- und 2 Auslaßnocken betätigen die acht Ventile.

Durch die Boxerbauart ist jeder Nocken doppeltwirkend und betätigt somit ein Ventil auf der linken und, eine halbe Umdrehung später, eins auf der rechten Motorseite.

Ventilantrieb

Zum Übertragen des Nockenhubs auf die Ventile dienen acht Stößel und Stößelstangen (beim 23,5, 25 u. 30-PS-Motor nur Stößelstangen) und je vier Kipphebel pro Zylinderkopf. Die pilzförmigen Stößel (bzw. bei 23,5, 25 u. 30 PS die Stößelstangen) sind rechts und links neben der Nockenwelle in Bohrungen geführt (beim 23,5, 25 u. 30 PS sind die Stößelstangen durch im Kurbelgehäuse angeschraubte Platten gegen Verdrehen gesichert).

In jedem der Zylinderköpfe sind vier Kipphebel auf einer Achse befestigt, die dort auf Konsolen festgeschraubt sind. Stößelstangen aus Leichtmetallrohr mit eingepreßten Kugelköpfen verbinden Stößel und Kipphebel miteinander. (Bei den Motoren 23,5, 25 u. 30 PS sind die Stößelstangen mit Holz gefüllt). Alle acht Kipphebel, Stößel und Stößelstangen sind gleich.

Kühlung

Zur Kühlung dient ein auf das Kurbelgehäuse aufgesetztes Radialgebläsegehäuse, dessen Laufrad vorn auf der Lichtmaschinenwelle befestigt ist. Die durch die Kühlluftschlitze der Motorhaube, in den Motorraum gesaugte Luft wird in zwei Strömen rechts und links um die verkleideten Zylinder herumgeführt durch den darunterbefindlichen Luftkasten ins Freie. Unterhalb der Zylinder 1 und 2 befindet sich im Strom der abfließenden Kühlluft ein Thermostat. Er regelt abhängig von der Temperatur über Drosselring bzw. Luftklappen den Luftzutritt zu den Zylindern, dies trägt zur raschen Erwärmung des Motors bei.

Heizung

Hier ist zu unterscheiden zwischen der Frischluftheizung und der bis einschließlich Dezember 1962 angewandten Kühlluftheizung. Der für die Wagenheizung vorgesehene Teil der vom Gebläse geförderten Luft wird bei der Frischluftheizung vor den Zylindern von der Kühlluft abgezweigt und an den zu Wärmetauschern ausgebildeten Auspuffrohren entlanggeführt. Dabei erhitzt die Luft sich an den Rippenkörpern und fließt durch Warmluftschläuche weiter in den Wageninnenraum.

Die Heizluftmenge bleibt dabei von der Drosselklappenstellung unberührt, sie hängt nur von der Drehzahl des Gebläses ab. Bei abgestellter Heizung tritt die Warmluft nach Passieren der Wärmetauscher unmittelbar ins Freie.

Bei der älteren Kühlluftheizung wird die erwärmte Kühlluft zur Heizung des Wagens herangezogen. Sie wird, bei eingeschalteter Heizung, nach Passieren der Zylinder, durch Klappen und Schächte entweder in den Fahrgastraum geleitet, oder sie tritt unterhalb des Motors unmittelbar ins Freie.

3.3 Fast 60 Jahre Volkswagenmotor
Die Konzeption ist fertig

Der Volkswagenmotor in der endgültigen Form, wie er 1936 zur Welt kam, bestand die harten Erprobungen 1936 und 1937 und ging 1938 in die dritte Versuchsreihe.

Danach stand dem Serienbau nichts mehr im Wege, wenn, ja wenn nicht der zweite Weltkrieg dazwischen gekommen wäre. Mit einem Schlag war der Volkswagen nicht mehr interessant.

Fünf Jahre Kübelwagen

Das war die erste Reaktion: „Entwickelt schleunigst aus dem Volkswagen einen geländegängigen Kübelwagen". Das gab manches Kopfzerbrechen und ein paar Lösungen „um die Ecke", wie etwa die nötige Zusatzübersetzung, die man neben den Hinterrädern unterbrachte und damit gleichzeitig die erforderliche hohe Bodenfreiheit erreichte. Erfreulich bei allem war nur, daß der Motor jetzt eine ständige Großerprobung unter allen klimatischen Bedingungen zwischen der Arktis und den Tropen durchmachte.

Rund 70 000 Kübelwagen und Schwimmwagen und tausende stationärer Motoren wurden in der Kriegszeit gebaut. Und überall bewährte sich dieser startfreudige, verschleißarme Motor, an dessen Zukunft im zivilen Sektor immer noch so wenige glaubten.

Die Not der Kriegszeit brachte noch einige Fortschritte. So mußte 1942 das Kühlluftgebläse, das aus Leichtmetall-Druckguß bestand, zur Einsparung von Leichtmetall aus Stahlblech geformt werden, und siehe da, die glatten dünnen Blechschaufeln förderten 50% mehr Luft, und die hohe Oberflächengüte verbesserte dabei sogar noch die Laufruhe.

1940 / 43
Motor Nr. 020 000

Der Hubraum des VW Motors wurde für den Einsatz im Kübelwagen von 985 ccm auf 1131 ccm erhöht. Die Blei-Bronze-Lager wurden durch Leichtmetall-Lager ersetzt, die so gut waren, daß man sie bis 1959 beibehielt. Die noch gefederten Stößelschutzrohre wurden durch gewellte ersetzt. Als Vergaser fand ein Solex 26 VFIS Verwendung. So entstand der Motor mit 1131 ccm und 25 PS, wie er bis 1954 also auch noch im späteren Personenwagen, eingebaut wurde.

Volkswagen mit 25 PS

Die Nachkriegsjahre waren trostlos. An den Neuaufbau der deutschen Automobilindustrie glaubten nur Idealisten, an die Zukunft des Volkswagens noch weniger. Darüber schrieb der Volkswagen-Ingenieur Vogelsang später: „Das Werk war durch Bombenangriffe zu 60% zerstört worden, und es fehlten nicht nur Fachkräfte, sondern auch die für den Autobau notwendigen hochwertigen Werkstoffe". Unter den schwierigsten Arbeitsbedingungen konnten bis zum Ende 1945 dennoch 1785 Volkswagen gebaut werden, die allerdings von dem Qualitätsstand der vor dem Kriege gefertigten Vorserien ein gutes Stück entfernt waren. Anfang 1948 waren es 20 000 Wagen geworden, die schlecht und recht liefen und nicht sehr hohen Ansprüchen genügten.

1945
Motor Nr. 077 683 bis 079 093

1946
Motor Nr. 079 094 bis 090 732

1947
Motor Nr. 090 733 bis 100 788

1948
Motor Nr. 100 789 bis 122 649

Der spätere Generaldirektor und Professor Dr.-Ing. Heinrich Nordhoff übernahm 1948 die Gesamtleitung des Volkswagenwerkes. Mit einem Stab alterfahrener und neuer Fachkräfte ging er mit aller Energie an den Wiederaufbau. Nach der Währungsreform wurde das auch leichter. Nordhoff blieb mit einer bewundernswerten Sturheit bei der Konzeption des Volkswagens, forderte aber eine ständige Entwicklung und eine Fertigung hoher Präzision, erreicht durch beste Fertigungsmethoden und einem Stab von über 4000 selbständigen Inspektoren, die nur der Werksleitung verantwortlich sind. So wurde der Volkswagen und damit auch sein eigenwilliger Motor, zu einem Weltbegriff.

Damals, in den Nachkriegsjahren, wußte niemand, ob und wieweit Deutschland wieder motorisiert werden könne. Manche glaubten, der „Volkswagen" sei ein viel zu aufwendiges Auto.
Deshalb wurden viele Versuche mit kleineren Motoren gemacht, so z. B. mit dem „halbierten" Vierzylinder, also einem 0,6 Liter Zweizylinder.
Man führte aber auch Versuche mit Vierzylindermotoren und wesentlich verringertem Hubraum durch. „Oder muß man überhaupt vom Benzin als Kraftstoff zum Dieselöl übergehen". Auch das wurde diskutiert, und an verschiedenen Stellen wurden Versuche mit umgebauten Volkswagenmotoren und ganz neu entwickelten Dieselmotoren gemacht.

Heute weiß man, daß das alles nur ein Zwischenspiel war, denn der Volkswagen wurde mit steigender Produktionshöhe gebaut und unverändert mit dem 1,2 Liter-Vierzylinder-Boxermotor im Heck ausgerüstet.

1949
Motor Nr. 122 650 bis 169 913

Zylinder mit höherem Phosphorgehalt zur Verlängerung der Laufzeit. Das Kolbenspiel für den Zylinder 3 wird um 0,05 mm vergrößert. Der Motor erhält eine zusätzliche Kurbelgehäuseentlüftung. In die Entlüftung am Zylinderkopfdeckel werden Filzfilter eingebaut. Das Luftfilter wird von der bisherigen Topfform in die Pilzform geändert. Das Ansaugrohr erhält eine zusätzliche Abstützung.
Das Kühlgebläse wird geändert. Die Heizungsklappen erhalten eine Steckverbindung anstelle der bisherigen Scharniere. Mutter für Andrehkurbel auf der Kurbelwelle entfällt.

1950
Motor Nr. 169 914 bis 265 999

Autothermikkolben der Firma Mahle kommen erstmals zum Einsatz. Gepanzerte Auslaßventile kommen zum Einsatz. Das 4. Hauptlager erhält eine Zusatz-Nut.
Zwischen Zylinderkopf und Zylinder kommt eine Dichtung.
Der Auspuffrohrdurchmesser wird von 31 auf 32 mm erweitert.

Änderung am Kurbelhehäuse: Die Steuerkammer erhält einen Durchbruch, jetzt kann das Motoröl restlos abgelassen werden. Der Ölablaßdeckel erhält eine 19 mm Sechskantablaßschraube. Die Ölfüllung beträgt 2,5 Liter.
Automatische Kühlluftregelung durch Thermostat zum schnelleren Erreichen der Betriebstemperatur. Bi-Metall-Regel-Kolben mit mittenversetztem Kolbenbolzen, dadurch günstigeres Wärmeverhalten und geringe Kippneigung. Gepanzerte Auslaßventile, hitzebeständiger und verschleißfester Ventilsitzringe aus Chrom-Nickel-Stahl und wenige Jahre später aus Sinter-Stahl. Dadurch höhere Verschleißfestigkeit.

1951
Motor Nr. 266 000 bis 379 470

Das bisherige Motorgehäuse aus Aluminium wird durch ein Elektron-Gehäuse ersetzt. Hierdurch wird eine rentablere Fertigung und Gewichtsersparnis erreicht.
Das Nockenwellenrad aus Kunststoff kommt zum Einsatz, dadurch wird eine größere Laufruhe erreicht.

1952
Motor Nr. 379 471 bis 519 258

Die Doppelventilfedern werden durch einfache ersetzt. Saugrohr mit teilweiser Leichtmetallummantelung zur stärkeren Gemischvorwärmung. An Stelle des Vergasers Solex VFIS 26 findet der Solex-Vergaser 28 PCI mit Beschleunigerpumpe Verwendung. Die Hohlschraube zur Schwungradbefestigung erhält eine Filzringdichtung, die das Ablaufen des Lagerfettes zur Kupplungsscheibe verhindert.
Das Verbindungsrohr zwischen Auspuffrohr und Schalldämpfer entfällt.

1953
Motor Nr. 519 259 bis 695 281

Das Ventilspiel wird von 0,15 mm auf 0,10 mm geändert. Alle Motoren erhalten serienmäßig einen Ölbadluftfilter. Der Vergaser 28 PCI erhält anstelle der 190er Ausgleichdüse eine 200er. Die 54er Modelle erhalten an Stelle des Motors mit 25 PS einen auf 30 PS gesteigerten Motor. Der Hubraum erhöht sich von 1131 ccm auf 1192 ccm. Der Kolbendurchmesser erweitert sich von 75 mm auf 77 mm. Die Verdichtung wurde von 5,8 auf 6,6:1 angehoben. Die Motor-Einfahrvorschriften entfallen.

1954
Motor Nr. 695 282 bis 945 526. **Ab 1954 mit 30 PS Motor**

Die Ansprüche stiegen, und so mußte sogar die Motorleistung erhöht werden. Bis 1954 hatte der Motor einen Hubraum von 1131 ccm und eine Leistung von 25 PS bei 3300 U/min. Durch geringe Hubraumerhöhung, höhere Verdichtung und Drehzahlsteigerung erreichte man 1954 mit 1192 ccm 30 PS bei 3400 U/min.

Und dabei blieb er immer, und betont, ein Drosselmotor. Was aber in all den Jahren geschah, merklich und unmerklich, das wird einem erst klar, wenn man die langen Tabellen im Werk studiert, aus denen besonders deutlich hervorgeht, was zur Verbesserung des Motors, seiner Fertigung und seiner Überwachung getan wurde.

Die Geschichte des Motors

Neben der erwähnten Hubraumerhöhung auf 1192 ccm, Ausrüstung der Motoren mit Ölbad-Luftfiltern, höherer Filterwirkung, vergrößerte Einlaßventile zur besseren Zylinderfüllung, Gebläserad dynamisch ausgewuchtet und dadurch größere Laufruhe.

Der VW-Motor hat jetzt 1192 ccm Hubraum gegenüber 1131 ccm bisher. Dafür wurde die Zylinderbohrung von 75 mm auf 77 mm vergrößert; der Hub blieb mit 64 mm identisch. Die PS Leistung konnte dadurch von 25 auf 30 PS, das größte Drehmoment von 7 auf 7,7 mkp gesteigert werden. Diese Verstärkung wirkte sich naturgemäß in besseren Fahrleistungen aus.

Bei der Beschleunigung aus dem Stand auf 80 km/h, mit zwei Personen an Bord, vergingen nur noch 22 Sekunden, statt vorher 26 Sekunden. Die Höchstgeschwindigkeit stieg von 102 km/h auf 110 km/h. Dank der höheren Fahrleistungen und einer größeren Elastizität des Motors bei niedrigen Drehzahlen, konnte der VW nun zügiger und zugleich müheloser gefahren werden. In der Ebene wie am Berg mußte weniger geschaltet werden. Es ist besonders erwähnenswert, daß die verbesserten Fahrleistungen ohne Mehrverbrauch von Kraftstoff erzielt wurden. Auch wurde kein Superkraftstoff erforderlich. Der VW-Käfer begnügt sich mit Normalbenzin von 74 Oktanzahl. Die Leistungssteigerung von 20% bei einer Hubraumvergrößerung von nur rund 5 % wurde durch sorgfältige Weiterentwicklung der Gaskanäle, des Ansaugrohrs und der Zündung, durch Verdichtungserhöhung und durch eine neue Vergaserbestückung erzielt.

Durch folgende Maßnahmen wurde eine Verbesserung der Füllung, besonders bei höheren Drehzahlen erreicht: Von 28 auf 30 mm Ø vergrößerte Einlaßventile, strömungsgünstiger geformte Einlaßkanäle und die Anordnung von Ventiltaschen in den Verbrennungsräumen erleichtern das Zuströmen des Kraftstoff-Luftgemisches zu den Zylindern, die somit mehr und, dank besserer Kühlung der Zylinderköpfe, auch kälteres Gemisch erhalten. Das Abströmen der Auspuffgase ist durch Ventiltaschen und umgestaltete Auslaßkanäle erleichtert.

Das Verdichtungsverhältnis wurde von 5,8 auf 6,6 : 1 erhöht. Das Ansaugrohr erhält eine verbesserte Beheizung. Diese erfolgt jetzt in Saugrohrmitte durch einen aufgegossenen Aluminium-Heizmantel um das Fallrohr vom Vergaser und die Abzweigstelle zu den Zylindern. Die erzielte rasche Verdampfung des Kraftstoffes vor der ersten Leitungsverzweigung bewirkt eine gleichmäßige Gemischverteilung auf alle Zylinder, bessere Gemischaufbereitung, verbesserten Leerlauf und nach einem Kaltstart rascheres Erreichen des normalen Betriebszustandes, bei dem die Starterklappe zurückgeschoben werden kann. Der Motor ist mit einem neuen Zündverteiler mit Unterdruckverstellung ausgerüstet. Während bei Vollgasfahrt der Zündzeitpunkt mit steigender Drehzahl wie seither durch einen im Verteiler eingebauten Fliehkraftversteller automatisch vorverlegt wird, tritt bei Teillastfahrt eine zusätzliche Verstellung durch den steigenden Unterdruck der sich schließenden Vergaserdrosselklappe ein, der auf eine Membran am Zündverteiler wirkt.

178 *Die Geschichte des Motors*

Ab 1954 - 30 PS
Die Ansprüche stiegen, und so mußte sogar die Motorleistung erhöht werden. Bis 1954 hatte der Motor einen Hubraum von 1131 ccm und eine Leistung von 25 PS bei 3300 U/min.
Durch geringe Hubraumerhöhung, höhere Verdichtung und Drehzahlsteigerung erreichte man 1954 mit 1192 ccm 30 PS bei 3400 U/min.

Diese zusätzliche Frühzündung erlaubt eine magere Vergasereinstellung im Teillastgebiet und damit Kraftstoffersparnisse im häufigsten Fahrzustand. Die Verstellkurve für den Fliehkraftversteller wurde auf die geänderten Füllungsverhältnisse neu abgestimmt und ergibt bei allen Drehzahlen höchste Vollgasleistung ohne Klopfen. Alle VW-Modelle sind jetzt einheitlich mit einem Ölbad-Luftfilter ausgerüstet.

Diese Filterbauart, die sonst nur bei teureren Wagen zu finden ist, wurde aus zwei Gründen gewählt: Ein hoher Entstaubungsgrad, sehr großes Staubbindungsvermögen mit einer Ölfüllung und Unempfindlichkeit gegen Flammenrückschläge gewährleisten hohe Betriebssicherheit und Lebensdauer des Motors bei ganz geringen Wartungsansprüchen des Filters.

Die Zylinderköpfe erhalten eine ganz neu gestaltete Verrippung mit wesentlich gesteigerter Kühlwirkung. In den am höchsten durch Wärme beanspruchten Bereichen zwischen den Ventilen und um die Zündkerzen sorgen auf dem Brennraumboden stehende Kühlrippen in neuartiger Anordnung für wirksamste Wärmeabfuhr und erlauben vergrößerten Luftdurchtritt.

Die Kühlung der Auslaßventilsitze und der Brennraumwände ist durch Kühlflächenvergrößerungen und günstigere Führung der Kühlluft verbessert.
Die Temperaturen der Ventilsitze und Zündkerzen sind trotz der höheren Motorleistung niedriger als bisher.

Die Zylinderköpfe haben durch die neue Rippenanordnung an Steifigkeit gewonnen. Das Kühlgebläse, von dessen ununterbrochener Luftförderung die Kühlung und damit die Sicherheit des Motorbetriebes abhängt, wird jetzt durch einen Schmalkeilriemen mit neuartigem Innenaufbau angetrieben. Die den Riemenzug übertragenden Einlagen aus hochwertigen Kunstfasern sind so angeordnet, daß sie den dauernden Wechsel zwischen Krümmung über die Riemenscheiben und Geraderecken zwischen den Scheiben leicht ertragen und dank der geringen Riemenbreite alle gleichmäßig beansprucht sind. Der neue Keilriemen hat eine wesentlich größere Lebensdauer als der seitherige und dehnt sich nur sehr wenig, so daß er weit seltener nachgespannt werden muß, als das bisher notwendig war.

Die Einlaßventile werden aus einem Werkstoff von höherer Warmfestigkeit hergestellt, der dem Einschlagen der Sitzflächen größeren Widerstand bietet.
Die Ventile bleiben damit ohne Nachstellen und Einschleifen wesentlich länger dicht und gewährleisten so gleichbleibende Motorleistung.
Die Schmierung der Kurbelwellenlager ist durch Steigerung der Ölmenge und des Öldrucks den höheren Lagerdrücken angepaßt. Die zusätzliche Ölmenge ließ sich durch Änderungen an der Ventilsteuerungs-Schmierung gewinnen. Der vorher kontinuierliche Öldurchtritt wird vor den Stößeln jetzt nur noch intermittierend in die freigegebene Stellung geführt.

Als weitere Verbesserung ergab sich dabei, daß die Leichtmetallstoßstangen vom verminderten Öldurchfluß weniger gekühlt werden, auch bei Erwärmung des Motors stärker ausdehnen und so einen Ventilspielausgleich bewirken, der das Betriebsspiel des Einlaßventils von 0,1 mm des Auslaßventils um 0,15 mm verringert hat.
Nocken, Stößel und Ventile sind nun weniger beansprucht, die Ventilgeräusche vermindert. Einigung der Gewichtstoleranzen von Kolben und Pleueln, bessere Auswuchtung der Kurbelwelle, des Schwungrads und der Kupplung sowie eine genauere Zentrierung haben die Laufruhe des Motors weiter verbessert.

Die Lichtmaschinenleistung wurde von 130 auf 160 Watt erhöht. Die elektrische Anlage besitzt damit größere Reserven für den Betrieb bei extrem tiefen Temperaturen und für den nachträglichen Einbau stromverbrauchender Zusatzgeräte.

1955

Motor Nr. 945 527 bis 1 120 614

Die Hohlschraube zur Schwungradbefestigung erhält an Stelle der Messingbuchse ein Nadellager. Der Wärmewert der Zündkerzen wird von 175 T1 auf 225 T1 erhöht. Der bisherige Auspufftopf wird durch einen Einkammertopf mit einem Verbindungsrohr zur Saugrohrheizung und 2 verchromten Auspuffendrohren mit Siebeinsätzen ersetzt.

1956

Motor Nr. 1 120 615 bis 1 495 945

Das Nockenwellenrad, das bisher aus Resitex bestand, wird durch ein Leichtmetallrad ersetzt. Das Ölansaugrohr im Kurbelgehäuse wird etwas verkürzt, wodurch die Ansaugung der Schlammablagerung weitgehend eingeschränkt wird. Die Zündspule wird durch eine mit höherer Leistung ersetzt. Die Anlasserleistung wird erhöht.

1957

Motor Nr. 1 495 946 bis 1 937 449

Im Januar/Februar 1957 wurde eine Gehäuseverstärkung im Bereich Lager 1 und Lager 2 eingeführt. Jetzt ist auch der Lagerstuhl 2 durch Verkleinerung der seitlichen Fenster in der Gehäusewand steifer. Der Druckausgleich zwischen den Kurbelkammern erfolgt statt seitlich nun durch ein neu an der oberen Gehäusewand vorgesehenes Fenster. Zusätzlich werden jetzt die Gehäusebohrungen für die Aufnahme der Hauptlager durch Rollverdichten verfestigt.
Die erzielte Steigerung der Oberflächenhärte um 50 % verhindert zusammen mit der größeren Steifigkeit der Lagerstühle Vergrößerungen des Lagerspiels, das Ausschlagen der Bohrungen und Lösen der Lagerschalen, sowie die daraus resultierenden Lagergeräusche. Geänderte Lagerschalen mit Bleiauflage auf der Lauffläche und ein vermindertes Lagerspiel ergeben eine Verbesserung der Laufruhe sowie Verbesserung der Notlaufeigenschaft.

Ein neuer, fest am Motor angeschraubter Entlüfterstutzen mit einem Öleinfülldeckel mit Bajonettverschluß ersetzt den alten Stutzen, der zum Ölnachfüllen ganz herausnehmbar und nur durch eine Feder gehalten, sich leicht losrütteln und somit undicht werden konnte. Der neue Stutzen ist bequemer beim Öleinfüllen und hat größere Entlüftungsquerschnitte.
Die hinteren Motorabdeckbleche wurden so abgeändert, daß sie sich leichter demontieren lassen und der Entlüfterstutzen beim Ausbau des Motors aus dem Wagen fest am Kurbelgehäuse bleiben kann. Eine Gummitülle verhütet Scheuern des Entlüfterrohres an den Abdeckblechen und dichtet die Durchtrittsöffnung zur Fahrzeugunterseite ab.

1958

Motor Nr. 1 937 450 bis 2 449 248

Die Ölablaßschraube wird zur Rückhaltung der metallischen Schadstoffe durch eine mit einem Magneteinsatz ersetzt.
Der Vergaser Solex 28 PCI erhält einen Lufttrichter aus Kunststoff an Stelle des bisherigen aus Leichtmetall.

1960

Motor Nr. 2 449 249 bis 3 072 319

1960 wird nach weiteren sechs Produktionsjahren die Motorleistung von 30 auf 34 PS gesteigert. Grundsätzlich entspricht der Aufbau des Motors dem seit Mai 1959 bekannten Transporter-Triebwerk.
Die höhere Motorleistung um vier PS ist vornehmlich durch die höhere Verdichtung von 6,6 auf 7,0 : 1 erzielt worden.

Der Motor bekommt einen neuen Vergaser (Solex 28 PICT) mit einer Startautomatik anstelle der von Hand zu bedienenden Starterklappe. Die Luftklappe der Startautomatik wird über einen Bimetall-Thermostat gesteuert.

Die Zündverstellung des Verteilers erfolgt über eine Unterdruckdose am Zündverteiler. Diese wird durch den Unterdruck des Ansaugrohr gesteuert.

Zur Verbesserung der Betriebsverhältnisse bei kaltem Motor wird dem Motor warme Ansaugluft zugeführt. Die warme Luft wird dem linken Wärmetauscher entnommen und durch einen flexiblen Schlauch zum Ansaugstutzen am Ölbadluftfilter des Vergasers geführt.

Motorleistung: 34 PS/1192 ccm, Verdichtung: 7,0 : 1, Vergaser Solex 28 PICT.
Bisher: 30 PS/1192 ccm, Verdichtung: 6,6 : 1, Vergaser 28 PCI.

Tropenfester Keilriemen höherer Lebensdauer bei geringerer Wartung.
Verringerung der Gebläsedrehzahl und damit weitere Steigerung der Motorlaufruhe.

1961

Motor Nr. (34 PS) 5 000 001 bis 5 958 947

Der Modellwechsel im August 1960 brachte gerade auch auf dem Motorensektor einen beachtlichen Entwicklungsschritt.

Die nüchternen Zahlen sagen aber wenig über die Weite des Entwicklungsschrittes vom 30 PS zum 34 PS Modell.

182 *Die Geschichte des Motors*

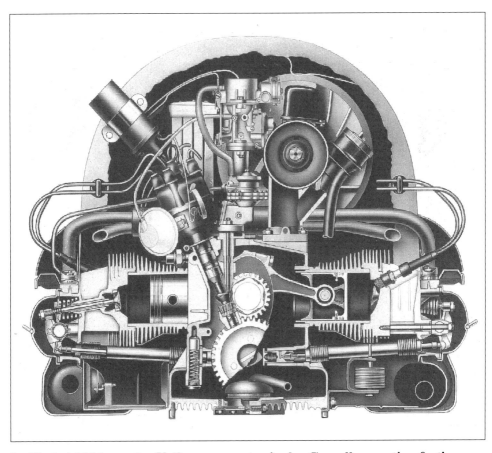

Im Herbst 1936 war der Volkswagenmotor in der Grundkonzeption fertig. Genau 25 Jahre später liefen Tag für Tag rund 4 000 Volkswagen-Motoren vom Band immer noch in der gleichen Grundform und doch in allen Teilen gewandelt.

Das hier ist der Käfermotor ab August 1960 (Modell 1961) mit 1192 ccm Hubraum, einem Verdichtungsverhältnis von 7 : 1 und einer Leistung von 34 PS bei 3600 U/min.

In diesem Entwicklungsstand beweist der Motor gleichzeitig, daß ein luftgekühlter Motor leistungsfähig und laufruhig sein kann und dabei mechanisch und thermisch so zu beherrschen ist, daß er besonders verschleißfest läuft.

Als Schlußpunkt bekam dieser 34 PS-Motor noch den Solex-Spezial Vergaser mit temperaturgesteuerter Startautomatik.

Die Geschichte des Motors

Ansicht des Käfer-Motors 1192 ccm 34 PS und Getriebe-Einheit bei abgebauter Karosserie.

Der Motor ist ein völlig neu entwickelter 34 PS Motor mit folgenden Neuerungen: verstärkte Kurbelwelle, vergrößerte Haupt- und Pleuellager; neuer Kraftstoffpumpen-Antrieb, thermischer Ventilspielausgleich, sich drehende Pilzstößel, deren Achse senkrecht zur Nockenwelle liegt; neuer Vergaser mit Startautomat. Zusätzlich direkte Vorwärmung der Verbrennungsluft, die last- bzw. drehzahlabhängig gesteuert wird.

Der Volkswagenmotor steht auf den ersten Blick scheinbar noch genau so vor uns wie er vor 25 Jahren das Licht der Welt erblickte. Schaut man aber einmal genauer hin, so ist doch, obwohl die Grundkonzeption blieb, jedes Bauteileil anders geworden. Die Änderung umfaßt eine Leistungssteigerung von 23,5 auf 34 PS bei einer Hubraumvergrößerung um nur rund 200 ccm und einer Steigerung der Höchstdrehzahl von 3000 auf 3600 U/min. Dabei wurde das maximale Drehmoment von 6,4 auf 8,4 mkg angehoben.

Der Motor, um den es uns hier geht, sah damals nicht viel anders aus als heute und hatte alle gleichen Merkmale. Allerdings betrug der Hubraum nur 985 ccm, er lag also knapp unter einem Liter, und die Leistung wurde noch mit zwei Werten angegeben, einmal Kurzleistung 24,5 PS bei 3300 U/min und Dauerleistung 23,5 PS bei 3000 U/min.

Wenn man die Entwicklung verfolgt stellt man plötzlich fest, daß die Motorleistung 1949, 1950, 1952 mit 25 PS angegeben wird.

1954, 1955, 1957 und 1959 mit 30 PS und ab 1960 mit 34 PS. Kurzleistung und Dauerleistung waren identisch. Dieser Drosselmotor konnte beliebig lange voll belastet werden, so daß die Höchstgeschwindigkeit der Autobahn-Dauergeschwindigkeit entsprach.

Das wird am deutlichsten, wenn nur die vier Leistungsstufen 23,5 - 25 - 30 - 34 PS herausgriffen werden.

Fünf Millionen Volkswagen

1962

Motor Nr. 5 958 948 bis 6 935 203

Ab Dezember 1962 wird eine Heizeinrichtung eingebaut, deren grundsätzliche Neukonstruktion nunmehr zu einer Frischluftheizung geführt hat. Abgesehen von der Erfüllung gesetzlicher Bestimmungen wird eine Geruchsbelästigung der Wageninsassen ausgeschlossen und die Heizwirkung verstärkt.
Bisher wurde die vom Gebläse geförderte Kühlluft nach Aufnahme der Motorwärme bei geschlossenen Abluftschächten in das Wageninnere gedrückt und gleichzeitig durch die Auspuffkrümmer der vorderen Zylinder zusätzlich aufgeheizt.

Das neue System verzichtet auf diese Weiterverwendung der Kühlabluft, die nun ständig ins Freie strömt. Statt dessen wird bereits im Gebläsegehäuse ein Teil der angesaugten Frischluft, die nach wie vor an den Kühlluftschlitzen eintritt, ausschließlich für die Heizung abgezweigt und durch besondere Luftführungen den links und rechts unterhalb der Zylinderköpfe verlaufenden Wärmetauschern zugeführt. Die Kurbelgehäuseentlüftung zum Ansaugluftfilter erzeugt unter allen Betriebsbedingungen einen Unterdruck im Kurbelgehäuse und verhindert dadurch das Austreten des Motoröls an den Trennfugen und Dichtungsstellen des Gehäuses.

Im einzelnen umfaßt die Neukonstruktion der Heizung folgende Maßnahmen an den Baugruppen Motor und Aufbau: Getrennte Luftführung ab Gebläse für Heiz- und Kühlluft. Je ein Wärmetauscher unter dem rechten und linken Zylinderkopf mit durchlaufendem, verripptem Leichtmetall-Umguß versehen.

Je eine Regelklappe am vorderen Ende des Wärmetauschers. Änderung des Gebläserades und weiterhin Fortfall des Drosselrings, damit sofort nach dem Motoranlauf die gesamte der Gebläseleistung entsprechende Heizluftmenge zur Verfügung steht. Die Fördermenge beträgt jetzt bei 3600 U/min ca. 535 l/sec.. Davon werden ca. 70 Liter für die Heizung abgezweigt. Um den Heizluftanteil so groß wie möglich zu halten, wird die vorgewärmte Ansaugluft jetzt der am Zylinderkopf erwärmten Kühlluft entnommen.

1963
Motor Nr. 6 935 204 bis 7 893 118

1964
Motor Nr. 7 893 119 bis 8 796 662

1965
Motor Nr. 8 796 663 bis 9 800 000

Neu im Programm ist der 1,3 Liter 40 PS-Motor. Beim neuen 1300er-Motor wurde die Kurbelwelle vom 1,5 Liter-Triebwerk (Typ 3) übernommen. Dadurch erhöht sich der Hub von 64 auf 69 Millimeter.
Äußerliches Kennzeichen des neuen Jahrgangs sind die Lochscheibenräder.
Die Durchbrüche in der Felge beeinflussen nicht nur das Aussehen des Wagens vorteilhaft, sondern verringern auch das Gewicht der ungefederten Massen.
Alle Käfer-Modelle erhalten geänderte Bremstrommeln, deren Naben mit sternförmigen Verstärkungsrippen versehen sind. Um den Volkswagen mit 40 PS-Motor äußerlich von seinem kleineren Bruder unterscheiden zu können, ist links auf der Heckklappe ein verchromter Schriftzug „1300 angebracht.
Alle Typ 1-Modelle erhalten einen (im Bauprinzip gleich, grundlegend wurde jedoch die Kurbelwelle, die Peuelstangen und die Zylinderköpfe verändert) auf 40 PS verstärkten Motor durch Hubraumvergrößerung von 1192 auf 1285 ccm. Erhöhung des Kolbenhubes von 64 auf 69 mm; Steigerung der Höchstleistungsdrehzahl von 3600 auf 4000 U/min. Verdichtungserhöhung von 7,0 auf 7,3 : 1, Vergrößerung der Einlaßkanäle und Einlaßventile von 31,5 auf 33,0 mm Ø, Vergrößerung der Saugrohrquerschnitte von 23 auf 28 mm; Vergrößerung des Fallrohrquerschnitts von 25 auf 29 mm. An beiden Motoren wird das bisher zwischen Kraftstoffpumpe und Vergaser angeordnete Membranventil mit der Pumpe kombiniert.
Der bisherige 30 PS Motor im VW 1200 entfällt und wird durch den 34 PS-Motor des bisherigen Export-Modells ersetzt.

1966
Motor Nr. 1200 D- 0 000 001 bis 0 095 049

Der 1966 eingeführte 1,5 Liter-Motor erreicht seine Leistung von 44 PS bei 4000 Umdrehungen, das höchste Drehmoment von 102 Nm fällt schon bei 2000 U/min an. Die Höchstgeschwindigkeit liegt mit dem neuen Motor bei 125 km/h. Neu am Käfer-Motor ist neben der Hubraumsteigerung vor allem die Ansaugluftvorwärmung: Die Luft wird durch zwei Schläuche der Kühlluft beider Zylinderköpfe entnommen und der Ansaugluft beigemischt.
Die auffälligste Änderung am Aufbau erfolgt an der Motorhaube. Sie ist jetzt im unteren Bereich kürzer. Im Zusammenhang mit dieser Änderung ergibt sich auch ein größerer Motorraum, so daß sich der Motor leichter aus- und einbauen läßt.

1967

Motor Nr. 1200er D- 0 095 050 bis D- 0 234 014
Motor Nr. 1300er F- 0 940 717 bis F- 1 237 506
Motor Nr. 1500er H- 0 204 001 bis H- 0 874 199

Die Kurbelwelle wird nun anstelle der Einkanal Kurbelwelle mit doppelten Ölkanälen, mit der sogenanten X-Bohrung mit Öltaschen, eingebaut. Die Nockenwellenlager werden auf Lagerschalen umgestellt. Das Lager Nr. 3 erhält einen Anlaufbund. Die Auspuffendrohre werden von 276 mm auf 246 mm verkürzt.

1968

Motor Nr. 1200er   D- 0 234 015 bis D- 0 382 979
Motor Nr. 1300er   F- 1 237 507 bis F- 1 462 598
Motor Nr. 1500er   H- 0 874 200 bis H- 1 003 255

Der Vergaser 30 PICT-2 des 1300er VW Motors erhält eine vergrößerte Schwimmerkammer. Die Ventildeckeldichtung wird wieder von Flexolit auf Preßkork umgestellt. Die Schwungscheibe wird zur Aufnahme einer 200 mm Kupplung vergrößert. Alle Motoren der Automaticversion werden mit einer Doppelölpumpe ausgestattet.

1969

Motor Nr. 1200er D- 0 382 980 bis D- 0 525 049
Motor Nr. 1300er F- 1 462 599 bis F- 1 778 163
Motor Nr. 1500er H- 1 003 256 bis H- 1 124 668

Alle Käfer-Motoren erhalten ein neues Kurbelgehäuse mit verbesserten Ölkanälen und einem zusätzlichen Öldruckregelventil (jetzt zwei Öldruckventile) sowie eine Ölpumpe mit geänderten Gehäuse.
Der Vergaser 30 PICT-2 erhält eine zweite Gemischeinstellschraube.
Das Luftfilter erhält eine verbessete Ansaugluftvorwärmung deren Luftklappen thermostatisch über einen Bowdenzug gesteuert werden.

1970

Motor Nr. 1200er D- 0 525 050 bis D- 0 674 999
Motor Nr. 1300er F- 1 778 164 bis F- 2 200 000
Motor Nr. 1500er H- 1 124 669 bis H- 1 350 000

Die Modelle des Typ 1 werden ab August 1970 aus konstruktiven Gründen in zwei verschiedene Gruppen aufgeteilt. 1200 / 1300 (alte Form) und 1302 / 1302 S (neue Form).

Die Geschichte des Motors 187

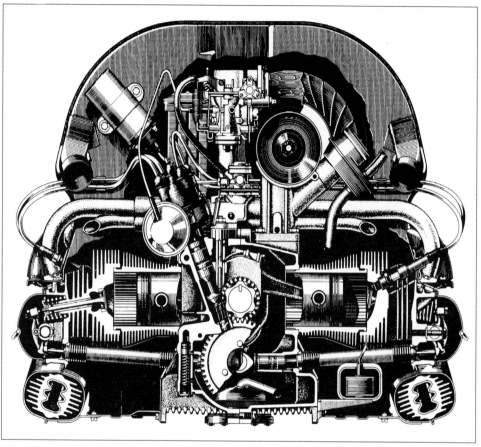

1,3 Liter 40 PS-Motor.
Die Kurbelwelle wurde vom 1,5 Liter-Triebwerk (Typ 3) übernommen.
Dadurch erhöht sich der Hub von 64 auf 69 Millimeter.
Bohrung 77 mm, Hub 69 mm, Hubvolumen 1,285 l, Verdichtung 7,3 : 1.
Leistung 40 PS (29 KW) bei 4000 U/min, Drehmoment 890 Nm / 2000 U/min,
mittlere Kolbengeschwindigkeit 9,2 m/s bei 4000 U/min.

VW 1200 mit Motor 1200 34 PS wahlweise 1300 44 PS
VW 1300 mit Motor 1300 44 PS wahlweise 1200 34 PS

VW 1302   mit Motor 1300 44 PS wahlweise 1200 34 PS
VW 1302S   mit Motor 1600 50 PS

Der neue 1302 Käfer kann wahlweise mit drei in der Leistung unterschiedlichen Motoren bestückt werden, und zwar als 1302 mit 34 beziehungsweise 44 PS Motor und als 1302 S mit neuem 1,6 Liter Motor und 50 PS.

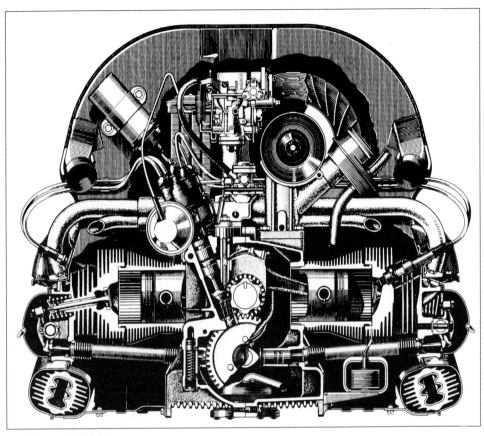

1,5 Liter 44 PS Motor.
Wenn auch äußerlich baugleich mit dem 40 PS, so unterscheidet er sich doch in den Abmessungen der einzelnen Bauteile.
Die Kurbelwelle wurde vom 1,5 Liter-Triebwerk (Typ 3) übernommen.
Hub 69 mm, Bohrung 83 mm, Hubvolumen 1,493 l, Verdichtung 7,5 : 1.
Leistung 44 PS (32 KW) bei 4000 U/min, Drehmoment 102 Nm / 2000 U/min,
Solex Fallstrom-Vergaser.

Die Motoren sind keine Neukonstruktion, sondern durch konstruktive Maßnahmen, z. B. verbesserte Ansauganlage, Doppeleinlaßkanal am Zylinderkopf und bessere Kühlung, leistungsgesteigert.
Das Drehmoment des 1,6 l Motors liegt höher als beim 1,5 l Motor, was sich günstig auf Beschleunigung und Fahrleistung am Berg auswirkt. Aufgrund der höheren Verdichtung (7,5 : 1) leistet das überarbeitete 1,3 Liter Triebwerk jetzt 44 PS.
Der 1,6 Liter Motor hat, wie auch das überarbeitete 1,3 Liter-Triebwerk, Zylinderköpfe mit Doppelansaugkanälen und einen nach vorn versetzten Ölkühler mit eigenem Kühlluftstrom.

Die Geschichte des Motors 189

Schnitt in der Seitenansicht durch das vollsperrsynchronisierte Getriebe und durch den Käfer-Motor 1,5 l / 44 PS (32 KW).

1,3 l 44 PS und 1,6 l 50 PS Motor haben eine Verdichtung von 6,6 : 1.
Sie sind für Kraftstoffe mit niedriger Oktanzahl geeignet.

Der Zylinderkopfdeckel bekommt Haltenasen für die Dichtung.
Der Keilriemen wurde verbessert. Er ist jetzt dehnungsarm.

Der Düsenträger des Leerlaufabschaltvenils (bisher aus Messing) ist jetzt aus Stahl. Ein im Ölbadluftfilter eingebauter zusätzlicher Thermostat steuert die Warmluftzufuhr zum Vergaser (bisher mit Bowdenzug).

Zündspule und Zündverteiler wurden geändert. Die Lichtmaschine erhält neue Anschlüsse und Kabelösen mit Gummischutzkappen, das obere Kohlebürstenfenster ist jetzt abgedeckt.

1971
Motor Nr. 1200er   D- 0 675 000 bis   D- 0 835 006
Motor Nr. 1300er AB- 0 000 001 bis AB- 0 350 000
Motor Nr. 1600er AD- 0 000 001 bis AD- 0 360 022

An den Modellen des Typ 1 / 1302 werden ab August 1971 folgende Änderungen und Verbesserungen durchgeführt: Alle Motoren werden den europäischen Forderungen hinsichtlich der Abgasreinigung angepaßt. Die 1,6 l Motoren für den Export nach USA werden den verschärften US-Vorschriften bezüglich Abgasreinigung angepaßt.
Änderung an Zylinderkopf und Kolben, die Verdichtung wird von 7,5 auf 7,3 herabgesetzt. Ventilspiel wird auf 0,15 mm (bisher: 0,10 mm) geändert.
Kolben und Zylinder jetzt mit zwei Paarungsgrößen (bisher drei Paarungsgrößen). Ölpumpe erhält zur Erhöhung der Ölfördermenge 26 mm breite Zahnräder (bisher: 21 mm breit). Die Nockenwelle wird zur Aufnahme der vergrößerten Ölpumpe geändert.Zündkerze jetzt Champion-Kerze L 88 A (bisher: L 88). Die 1,3 l und 1,6 l Motoren erhalten einen Ölbadluftfilter mit geändertem Ansaugstutzen und werden mit einer temperatur- und lastabhängigen Verbrennungsluftvorwärmung ausgerüstet.

Vergaser 30-, 31-, 34 PICT-3: mit Umluftkanal und Umluftgemischabschaltventil und ohne elektromagnetischem Abschaltventil.
Die Riemenscheibe erhält eine neue Markierung des OT Punkts. Der Zündverteiler erhält eine einfache Unterdruckdose (bisher Doppeldose). Der Zündzeitpunkt ändert sich. Die Saugrohrvorwärmung wird geändert von links nach rechts (bisher von rechts nach links).

1972
Motor Nr. 1200er D- 0 835 007 bis D- 1 000 000
Motor Nr. 1300er AB- 0 350 001 bis AB- 0 699 001
Motor Nr. 1600er AD- 0 360 023 bis AD- 0 598 001

Bei den Auslaßventilen entfallen die Ölabweisringe. Stehbolzen zur Zylinderkopfbefestigung werden durch neue M 8 Dehnschraube mit Gewindehülse ersetzt (bisher Starrschrauben M 10). Beim Ölsiebdeckel entfallen die Ablaßschraube und Dichtring. Kurbelgehäuseentlüftung wird geändert, Öleinfüllung-Entlüftungsrohr nach unten mit Gummiventil entfällt.

Das Kupplungsausrücklager wird auf ein zentrisch geführtes Kugelausrücklager, umgerüstet (bisher Graphitausrückring).

Neu ist der Vergaser 31 PICT-4 mit Thermostat und das Trockenluftfilter mit Papiereinsatz (bisher Ölbadluftfilter).

1973
Motor Nr. 1200er D- 1 000 001 bis D- 1 115 873
Motor Nr. 1300er AB- 0 699 002 bis AB- 0 990 000
Motor Nr. 1600er AD- 0 598 002 bis AD- 0 990 000

Die Geschichte des Motors 191

An den Modellen der Typen 1 ab August 1973 werden folgende Änderungen und Verbesserungen vorgenommen. Für 1,3 l und 1,6 l Motoren Abstimmung der Abgasvorschriften ansaug- und abgasseitig auf einsetzende Bestimmungen in Europa und USA. Neue warmfeste Zylinderkopflegierung.
Sie soll einen eventuell auftretenden Zylinderkopfverzug begrenzen und den Kompressionsdruck-Streubereich je Zylinder einengen sowie die Ventil-Standzeiten verlängern. An der Keilriemenscheibe-Motor und Lichtmaschine ist die Oberfläche jetzt verzinkt (bisher schwarz lackiert). Ansaugrohr und Auspufftopf erhalten eine doppelte Vorwärmleitung (bisher einfache Leitung).
Neu: Austrittsrohre in der Länge und im Innendurchmesser geändert.

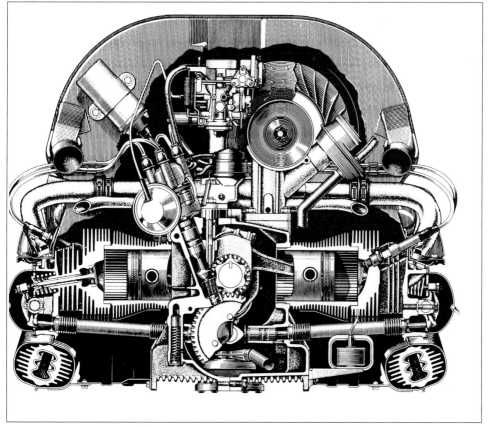

1,3 Liter 44 PS Motor. Äußerlich ist er baugleich mit dem 1,6 Liter 50 PS Motor, unterscheidet sich aber doch in den Abmessungen der einzelnen Bauteile. Bohrung 77 mm, Hub 69 mm, Hubvolumen 1,285 l, Verdichtung 7,3 : 1, Leistung 44 PS (32 KW) bei 4000 U/min, Drehmoment 890 Nm / 2000 U/min, mittlere Kolbengeschwindigkeit 9,2 m/s bei 4000 U/min.

Die Heizklappenregulierung erhält Zugfedern an den Bodenluftführungen (bisher: Biegefeder an der Hebellagerung).
Bei den Zündkerzen wird der Elektrodenabstand 0,7 auf 0,6 geändert.

Die Zündzeitpunktmessung erfolgt jetzt mit einem eingebauten Totpunktmarkengeber im Bereich Kurbelgehäuse und Schwungrad.

1974

Motor Nr. 1200er   D- 1 115 874 bis D- 1 284 226
Motor Nr. 1300er AR-   000 001 bis AR-   121 271
Motor Nr. 1600er AS-   000 001 bis AS-   171 566

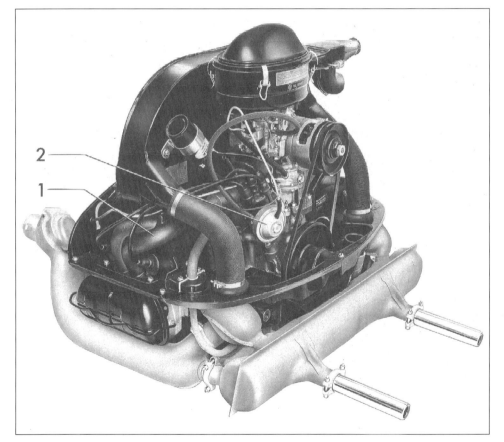

Vorderansicht des 1,6 Liter 50 PS-Motor.
Bohrung 85,5 mm, Hub 69 mm, Hubvolumen 1,285 l, Verdichtung 7,3 : 1. Leistung 50 PS (37 KW) bei 4000 U/min, Drehmoment 108 Nm / 2800 U/min, mittlere Kolbengeschwindigkeit 9,2 m/s bei 4000 U/min.

An Motoren des Typ 1 werden ab August 1974 weiter Änderungen und Verbesserungen durchgeführt. Die Auslaßventile des 1,6 l Motors erhalten eine Schaftvergrößerung. Der Tellerdurchmesser wird verkleinert. Einbau eines Luftleitringes im Kühlgebläsegehäuse. Bei den US-Motoren Verlängerung der Wartungsintervalle auf 15 000 Meilen. Abstimmung der Abgasvorschriften (Europa und USA) ansaug- und abgasseitig. Einführung einer Einspritzanlage für US-Fahrzeuge einschließlich Steuergerät und dessen Abdeckung sowie anderer Riemenscheibe.

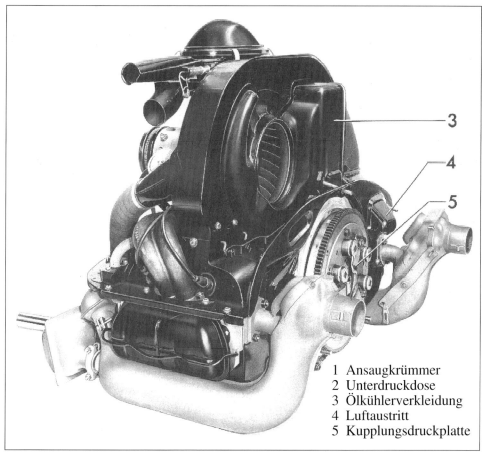

1 Ansaugkrümmer
2 Unterdruckdose
3 Ölkühlerverkleidung
4 Luftaustritt
5 Kupplungsdruckplatte

Rückansicht des 1,6 Liter 50 PS-Motor.

**Wenn auch äußerlich baugleich mit dem 1300 / 44 PS,
so unterscheidet er sich doch in den Abmessungen der einzelnen Bauteile.**

194 *Die Geschichte des Motors*

Darstellung der mehrfach geänderten Zylinderköpfe.
Es blieb bei dem 1,2 Liter Vierzylinder-OHV- Boxermotor für Benzin-Betrieb und wird weiter dabei bleiben. An diesem Motor geschah in all den Jahren sehr, sehr viel. Hier als Beispiel aus der Fülle der Konstruktions- und Materialänderungen die Entwicklung des Zylinderkopfes in den einzelnen Etappen für die Motoren mit 23,5 bzw 25 PS, 30 PS, 34 PS, 40 PS, 44 PS und 50 PS.
Es ging darum, die Aufteilung und Anordnung der Kühlrippen und Kanäle, so zu verändern, daß der Zylinderkopf steifer, warmfester und die Leistung gesteigert wurde.

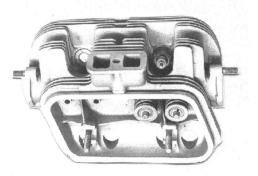

Zylinderkopf (Doppelkanal) des 23,5 PS Motors. Baujahr 1936

Der Zylinderkopf der ersten Motor-Generation hatte bereits getrennte Einlaßkanäle.

Zylinderkopf (Einkanal) des 25 PS Motors. Baujahr 1945

Die Zylinderköpfe der Motoren 25 PS haben nur einen Einlaßkanal.

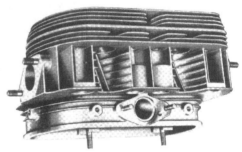

Zylinderkopf (Einkanal) des 30 PS Motors. Baujahr 1953

Die Zylinderköpfe der Motoren 30 PS, sind gegenüber den 25 PS Zylinderköpfen sowohl im Kanalquerschnitt als auch in der Verrippung, Kanal- und im Ventildurchmesser unterschiedlich.

Die Geschichte des Motors 195

Zylinderkopf (Einkanal) des 34 PS Motors. Baujahr 1960

Der Zylinderkopf ist in allen Abmessungen gegenüber dem 30 PS Motor unterschiedlich.

Zylinderkopf (Einkanal) des 1300/40 PS und 1500/44 PS Motors, Baujahr 1965/1966

Die Zylinderköpfe der Motoren 40 und 44 PS haben einen schrägen Saugrohranschluß. Beide Zylinderköpfe sind sowohl im Kanalquerschnitt als auch im Ventildurchmesser unterschiedlich.

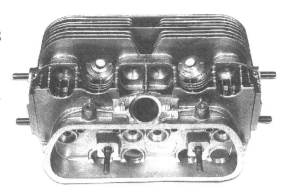

Zylinderkopf (Doppelkanal) des 1300/44 PS und 1600/50 PS Motors. Baujahr 1970

Die Zylinderköpfe der Motoren 44 und 50 PS haben einen Doppelkanal-Saugrohranschluß. Beide Zylinderköpfe sind sowohl im Kanalquerschnitt als auch im Ventildurchmesser unterschiedlich.

1975
Motor Nr. 1200er   D- 1 284 227   bis   D- 1 347 142
Motor Nr. 1300er   AR-   121 272   bis AR-   150 000
Motor Nr. 1600er   AS-   171 567   bis   AS-   269 030

1976
Motor Nr. 1200er   D- 1 347 143   bis   D- 1 393 631
Motor Nr. 1600er   AS-   269 031   bis   AS-   401 299

1977
Motor Nr. 1200er   D- 1 393 632   bis   D- 1 415 740
Motor Nr. 1600er   AS-   401 300   bis   AS-   526 948

1978
Motor Nr. 1200er   D- 1 415 741   bis   D- 1 430 281
Motor Nr. 1600er   AS-   526 949   bis   AS-   563 435

1976 bis 1993

An den VW Käfer-Motoren selbst wurde in den Jahren von 1976 bis heute, abgesehen von der geänderten Einspritzung und einem Katalisator sowie einigen unwesentlichen Änderungen, grundlegend so gut wie nichts mehr verändert.
Dies ist ein Beweis dafür, daß er trotz seiner großen Konkurrenz seine Qualität und Langlebigkeit in jeder Lage bewies und durch nichts zu erschüttern war.
Laufleistungen von 500 000 km sind keine Seltenheit.

Die Gründe, auch heute noch einen VW-Käfer zu kaufen, sind vielgestaltig: Die guten Fahreigenschaften auch abseits fester Straßen, die Anspruchslosigkeit der Luftkühlung auch unter extremer Hitze- oder Kälteeinwirkung, die weltweite Verbreitung oder auch schlicht die Gewohnheit sind hier sicherlich mitentscheidend.

4 Parallelentwicklung

4.1 Vom Volkswagen-Käfermotor zum VW Stufenheck 1500-Motor

Bereits Anfang 1959 war es so weit. Der Karosseriekörper des VW 1500, als Bruder des 1,2-Liter-34 PS Volkswagens, war fertig, und damit war für die technische Entwicklungn in Wolfsburg auch für den Motor das Startzeichen gegeben; gleiche Konzeption wie beim Volkswagen: Vierzylinder-OHV-Boxer luftgekühlt, aber als Flachbaumotor ausgeführt, also nicht mit dem aufgesetzten, hochbauenden Kühlgebläse. Das Karosserieheck, mit von außen zugänglichem Kofferraum, bestimmte die mögliche Motorhöhe, und zwar insgesamt mit 408 mm gegenüber 647 mm beim Volkswagen-Motor.

Es begann eine Motorneugestaltung, es begannen die Sorgen. Der Grundkörper, das senkrecht in der Mitte geteilte Kurbelgehäuse mit dem Anschluß an den Kupplungs-Getriebe-Block, vom 1,2 Liter 34 PS Motor war vorhanden und bereits so dimensioniert, daß er die geforderte Vergrößerung auf 1,5 Liter Hubraum gestattete. Damit war es aber mit der absoluten Gleichheit schon vorbei. Denn 1,5 Liter verlangten eine Kurbelwelle mit höheren Hüben. Die Leistung und Drehmomentsteigerung erforderten dabei eine Vergrößerung, die Lager (Haupt- und Pleuellager) waren bereits mit Einführung des 34 PS Motors, von 50 auf 55 mm vergrößert. Für eine ausreichende dynamische Festigkeit wurden die Kurbelwangen verstärkt. Ebenso waren neue Pleuelstangen, Kolben, Zylinder, Zylinderköpfe usw. erforderlich. Aber fast alle diese Teile entsprechen in Form, Material und Ausführung denen des Volkswagenmotors, sie waren nur entsprechend größer dimensioniert.

Viel Detailarbeit

Selbstverständlich aber wurde Punkt für Punkt in Kurz- und Dauerversuchen festgestellt, ob die Lösung aber wirklich auch für diesen Fall ein Optimum darstellt. So ergaben sich z. B. bei der rein maßstäblichen Vergrößerung der Brennräume Probleme des möglichen „Nachdieselns", des Oktanzahlbedarfs usw., die die besondere Erforschung dieses Brennraumes angebracht erscheinen ließen.

Wieder ein Beweis dafür, daß Konstruktionsteile nicht ohne weiteres von einer Motorgröße auf eine andere übertragen werden können.

Oder bei der für Verschleiß und Lebensdauer so wesentlichen Materialwahl für die Nockenwelle und die Ventilstößel zeigte es sich, daß die beim 1,2 Liter verwendete Paarung von Nockenwelle aus Grauguß und Stahlstößeln bei den durch erhöhte Massen und Drehzahlen auftretenden größeren Kräften in der Steuerung nicht mehr voll befriedigte.

Die Versuchsreihen, die mit verschiedenen Materialpaarungen, Besonderheiten im Gefüge und in der Oberflächenbeschaffenheit durchgeführt wurden, brachten das überraschende Ergebnis, daß für diesen Motor die Paarung Nockenwelle/Stößel beide aus unlegiertem Grauguß die günstigste war.

Ein interessantes technisches Detail sollte der thermische Ventilspiel-Ausgleich sein. Durch Lagerung der Kipphebel-Achse auf langen Dehnschrauben, die unmittelbar in der Wand des Verbrennungsraumes eingeschraubt waren, sollte ein nahezu konstantes Ventilspiel bei kaltem und betriebswarmem Motor erreicht und damit ein entsprechend geräuscharmer Lauf der Ventilsteuerung erreicht werden. Hier war jedoch die Tücke der Vater des Gedankens und so mußte schon bald der Zylinderkopf geändert und die Dehnschraube einem Stehbolzen mit einem Dichtring weichen.

Oder noch ein Detail. Das Kurbelgehäuse ist bekanntlich aus Magnesiumlegierung im Druckguß hergestellt. Dabei verlangt der größere Wärmedehnungskoeffizient gegenüber Aluminiumguß eine besondere Ausführung der Kurbelwellenlager.

Um bei Temperaturen bis -40 C ein Festgehen in den Lagerstellen der Kurbelwelle zu verhindern und bei tropischen Temperaturen bis + 50 C ein zu großes Laufspiel (dadurch Lagertrommeln und erhöhter Verschleiß) zu vermeiden, wurden die Leichtmetall-Lagerschalen oval gestaltet und mit einer galvanisch aufgebrachten Laufschicht versehen. Die extrem oval gewölbten Lager weisen in der Zylinderebene, also in der Zone des höchsten Druckes, bei + 20 C praktisch das Spiel 0 auf, während sie senkrecht dazu über den üblichen Wert hinaus auf 0,08 mm vergrößert sind. Bei betriebswarmem Motor erhöht sich dieser Wert auf 0,15 mm.

Die Karosserie des VW 1500, und damit auch das Wagenheck mit Kofferraum über dem Motor, wurde Anfang 1959 verabschiedet. Damit konnte in Anlehnung an den Volkswagenmotor die Schaffung des neuen VW 1500 Flachbaumotors begonnen werden.

Manche Sorgen brachte die Umstellung vom Fallstromvergaser auf einen Flachstromvergaser (natürlich wieder mit Beschleunigungspumpe und Startautomatik), zu der die geringe Gesamtbauhöhe zwang. Langwierige Entwicklungsarbeiten wurden deshalb in die Vergaserabstimmung, den Saugrohranschluß und die Saugrohrgestaltung gesteckt.
Auf Grund zahlreicher Versuche brachte dann erst eine asymmetrische Anordnung des Vergaseranschlusses am Saugrohr die gleichmäßigste Zylinderfüllung für alle vier Zylinder.

Flachbau - die Forderung

Vor allen Entwürfen und Überlegungen für das neue Zubehör, also keineswegs nur für den Vergaserstand, immer wieder die Forderung „nicht höher als 220 mm über Kurbelwellenmitte".

Allerdings machte das bei einigen der Aggregate keine Schwierigkeiten. So etwa bei dem kombinierten Luftfllter-Ansauggeräuschdämpfer, der flach neben den Vergaser gestellt wurde, oder bei dem jetzt flach auf dem Motor liegenden Ölkühler oder dem, allerdings mit einiger Mühe, entsprechend schräg eingebauten Verteiler, der Zündspule oder der Kraftstoffpumpe.

Kurz und gut, all das ist wesentlich leichter gesagt als es damals getan war. Doch nun steht, wie auf einem Montagebrett, sauber nebeneinander das gesamte Zubehör auf dem flachen Boxermotor, und es ergibt sich eine durchgehende Gesamthöhe von nur 408 mm.

Das Gebläserad auf der Kurbelwelle

Aber das Kühlluftgebläse, von ihm wurde noch gar nicht gesprochen. 1959 erinnerte man sich an den Porsche-Volkswagen-Entwurf für die NSU-Werke im Jahre 1933 mit den Motordaten 1,5 Liter, Vierzylinder-OHV-Boxer, allerdings mit nur 20 PS Leistung bei 2600 U/min. Und mit einem Gebläserad auf der Kurbelwelle. Nur wollte und wollte das, trotz der geringen Motorbelastung, nicht klappen. Das Gebläse, das nur mit der Kurbelwellendrehzahl und damit relativ langsam läuft, schaffte einfach nicht genug Kühlluft heran.

1959 aber - also 26 Jahre später, war das kein Problem mehr, auch wenn man forderte, daß die Gebläseleistung 10% der Motorleistung nicht überschreiten darf. Man fand sehr bald die Lösung durch die Ausführung eines Stahlblech-Gebläses mit 30 angenieteten 120° vorwärts gekrümmten Schaufeln. Dieses Radialgebläse mußte dabei in seiner Liefermenge von 500 L/sec auf 580 L/sec bei maximaler Förderung, und in seinen spezifischen Werten, vergrößert werden, um den mit der Hubraumvergrößerung und Leistungserhöhung gestiegenen Kühlluftbedarf zu decken.
Dabei war der Durchmesser des Laufrades mit 310 mm (bisher 230 mm) begrenzt, denn eine weitere Vergrößerung ließ wieder die festgelegte Motorgesamthöhe nicht zu, und das Gebläse durfte ja auch nicht unten aus dem Motor herausragen.

Außerdem erwies es sich im Laufe der Erprobung als notwendig, zwischen Kurbelwelle und Gebläserad ein elastisches Zwischenglied einzufügen, um schädliche Auswirkungen von Drehschwingungen der Kurbelwelle auf das Gebläserad zu vermeiden. Und endlich war es noch nötig, dem Haupt-Gebläserad einen Gebläse-Vorläufer hinzuzufügen, der gleichzeitig als Riemenscheibe zum Antrieb der Lichtmaschine dient.

Erst jetzt war die alte Forderung wieder erfüllt: anspruchslos und betriebssicher unter allen klimatischen Bedingungen im hohen Norden ebenso wie in den Tropen.

Vierzylinder-OHV-Boxer luftgekühlt, genau wie beim 1,2-Liter-Volkswagen. Aber die völlig andere Karosserie verlangt den Abbau des hohen, auf dem Motor stehenden Kühlluftgebläses und des hochbauenden Zubehörs.
Während der 1,2-Liter-Motor eine Gesamthöhe von 647 mm hatte, durfte sie jetzt nur 408 mm betragen.

Der kompakte Flachbaumotor:

VW 1500 mit 1,5 Liter Hubraum in der gleichen Konzeption wie beim Volkswagenmotor mit vielen identischen, nur entsprechend größeren Teilen, aber auch mit ganz neuen Flachbau-Aggregaten war damit geschaffen, und seine Hauptdaten sind:

Bohrung/Hub 86/69mm, Hubraum 1493 ccm, Verdichtungsverhältnis 7,2 : 1, Leistung 45 PS bei 3800 U/min.

Bereits im September 1961 konnte das Fertigungsband für den VW 1500 anlaufen.

Mit dem millionenfach gebauten 1,2 Liter-Volkswagenmotor ist bewiesen, daß ein luftgekühlter Vierzylinder-Boxermotor in dieser Klasse ein besonders geeigneter, robuster, universeller Motortyp ist.

Das ist das Ergebnis: 1,5 Liter Hubraum, 45 PS bei 3800 U/min.
Kurbelgehäuse zweiteilig mit senkrechter Mittelteilung aus einer Magnesiumlegierung im Druckguß hergestellt. Einzelzylinder aus Sondergrauguß.
Zylinderkopf für je zwei Zylinder aus Aluminiumlegierung in der Kokille gegossen. Ventile hängend um 9° zur Zylinderachse geneigt. Tellerdurchmesser Einlaß 35,5, Auslaß 31 mm. Eingeschrumpfte Ventilsitzringe aus legiertem Sinterstahl. Aluminiumkolben mit Stahleinlagen.

Mit dem genau doppelten Hubraum von 2,4 Litern beim „Corvair" konnten sich General Motors seit 1959 mit der gleichen Konzeption, aber sechs Zylindern, in einer wesentlich größeren Klasse mit höheren Ansprüchen ebenfalls durchsetzen.

Das Volkswagenwerk hat nun seit 1961 mit der Schaffung des VW 1500 in der 1,5 Liter Klasse eine weitere Lücke geschlossen.
Dem Motor und seinem Zubehör hatte man im VW 1500 nur wenig Platz gegönnt. Das ist eine folgerichtige Entwicklung, denn die Grundfläche eines Wagens und der umbaute Raum darüber sollen weitgehend genutzt werden, um viel Nutzraum im

Verhältnis zum Totraum zu bekommen. Geht man so weit wie beim VW 1500, so besteht natürlich die Möglichkeit, daß in dem engen Motorraum vereinzelt Wärmestauungen auftreten, weil irgendein Teil zu wenig belüftet ist.
So war es eigentlich selbstverständlich, daß man sich auch noch bei der weiteren Reifung des Motors seit Sommer 1961, seitdem der Wagen in der Serie läuft, mit dem Wärmehaushalt besonders eingehend befaßt hat. Hinzu kam, daß die höheren Ansprüche, die man in einer 1,5 Liter-KIasse an Leistung und Geschmeidigkeit eines Motors stellt, gestiegen sind, außerdem sind auch in der besten Produktion Serienstreuungen unvermeidbar, und man mußte erreichen, daß alle Eigenschaften vollauf befriedigen, soweit der Motor innerhalb dieses Streubandes liegt.

An allen Ecken und Enden wurde, unter Auswertung der immer weiter laufenden Versuche und der Berichte der Kundendienstleute und damit der Erfahrungen der Kunden, geforscht und probiert, um auch noch die letzten, verstecktesten Mängel zu beseitigen. So war man auch bemüht, den Vergaser noch besser abzustimmen.
Er ist übrigens nicht etwa aus Platzgründen asymmelrisch angeordnet, sondern weil das, nach der Erforschung der Schwingungsvorgänge, bei dieser Zylinderanordnung, der Zündfolge und dem verwendeten Flachstrom-Vergaser, die gleichmäßigste Zylinderfüllung ergab.

Es konnte aber noch mehr geschehen, was der Motor-Charakteristik zugute kam. So wurde der Durchmesser des Einlaßkanals im Zylinderkopf vergrößert, der Innendurchmesser des Einlaßventilsitzringes angepaßt und der Saugrohrdurchmesser erweitert.

Es gibt keine Wärmeprobleme mehr

Daß heißt, trotz der kompakten Bauweise des Motors, trotz des bewußt beengten Platzes für den Motor gibt es keine Wärmestauungen mehr. Auch das wurde durch kleine, aber entscheidende Änderungen erreicht. So zum Beispiel „ganz einfach" durch eine feinere Verrippung der Zylinder. Heute mit 14 Rippen und engerer Teilung, vorher mit nur 12 Rippen. Feinere Verrippung bedeutet sichere Wärmeabstrahlung von jeder Stelle ohne die Gefahr eines Wärmestaues.
Nicht weniger erfolgreich war der Übergang vom Stahlölkühler auf einen Leichtmetallölkühler, der durch seinen höheren Wirkungsgrad eine bemerkenswerte Entlastung der Öltmeperaturen brachte.

So einfach ist es wieder nicht,

daß man hier und da etwas ändert oder nur die Verdichtung erhöht, um die Leistung zu steigern. Das ist zwar auch geschehen, denn der Motor hat jetzt ein Verdichtungsverhältnis von 7,8 gegenüber 7,2 bei dem ersten Modell. Das konnte aber nur nach grundsätzlichen Versuchen und im Rahmen verschiedener Maßnahmen geschehen, da sonst der Oktanzahlbedarf zu hoch wird. Ein Volkswagen muß mit Normalbenzin gefahren werden können, zumindest mit den in West-Europa üblichen Qualitäten.

1500 S mit zwei Vergasern

Die neuen und wesentlichen Merkmale des 1500 S-Motors sind folgende:
1. Verdichtung durch höhere Kolben von 7,8 auf 8,5 : 1 erhöht und damit Verwendung von Superkraftstoff.
2. Zwei Solex-Fallstromvergaser Typ 32 PDSIT. Darüber gestülpt ist eine ganz flache Verteilungskappe, die das gemeinsame, zentrale Luftfilter enthält. Beide Vergaser haben wieder die vollautomatische Startvorrichtung.
3. Neuer Zündverteiler mit Unterdrucksteuerung (wie auch beim 1500 normal) und zusätzlicher Fliehkraftverstellung.

Das alles zusammen ergibt diese Nenndaten: 54 PS bei 4200 U/min.
Maximales Drehmoment 10,8 mkg bei 2400 U/min.

1500 S mit zwei Vergasern
Hier wird der Flachbau des 1500er Motors sehr deutlich, mit dem breiten, eng aufliegenden Luftfilter, von dem Verteilerrohre zu den beiden Vergasern führen. Das Kühlluftgebläse befindet sich unmittelbar auf der Kurbelwelle.

204 *Parallelentwicklung der Motoren*

Jeder Techniker kann einen Vierzylinder-Boxermotor nicht betrachten, ohne sofort an zwei Vergaser zu denken. Durch die gegenüberliegende Anordnung der Zylinder ergibt die Versorgung von einem Vergaser aus zu den beiden Zylindergruppen weite Wege. Wenn aber - so denkt man sofort - links und rechts über den Zylindern ein besonderer Vergaser angeordnet wird, dann werden die Ansaugwege kurz, dann gibt es keine Stauungen, die beim VW 1500 Einvergaser u. a durch eine asymmetrische Vergaseranordnung des Flachstromvergasers überwunden wurden.
Ergebnis: Mit einem Vergaser bei 1,5 Liter Hubraum, 45 PS bei 3800 U/min, bei einem Drehmoment über 10 mkg über den Bereich von 1660 bis 2800 U/min.
Soweit, so gut.

Diesem 1500, mit einer Literleistung von rund 30 PS, kann gar nichts passieren, auch wenn man, wie das in Wolfsburg selbstverständlich ist, ganz besonderen Wert auf einen langlebigen Drosselmotor legt. Man kann da auch ohne weiteres noch etwas mehr tun, zumal das Triebwerk bereits auf höhere Leistung ausgelegt wurde.

Das geht dann „ganz einfach durch Einbau von zwei Vergasern. An der Karosserie bedingt das zwar kleine Änderungen links und rechs vom Motorenraum, aber das wäre kein Problem. Genauso wie die Erhöhung der Verdichtung des Motors durch höhere Kolben.

Das ist der letzte Entwicklungsschritt aus Wolfsburg.
Die gleiche Konzeption wie schon 1936: Vierzylinder, OHV, Boxer, luftgekühlt.
Hier jedoch mit je einem Vergaser über den beiden Zylindergruppen.

Ab Baujahr 1968 mit einem 1,7 l Einspritz-Motor mit 68 PS Dauerleistung.
Der Motor ist lediglich eine Weiterentwicklung der altbewährten VW-Bauweise.

Parallelentwicklung der Motoren 205

Was aber an Entwicklungsarbeit auf dem Motor-Prüfstand, auf der Straße unter allen Bedingungen, in den Tropen, in der Arktis, also überall dort, wo der Motor einmal sorgenfrei laufen soll, nötig war, das ahnen wir nur, wenn wir die "Geschichte eines Motors" studiert haben.

Damit endet vorerst die Geschichte eines Motors, die in den 30er Jahren so harmlos begann, mit einem Einliter-Motor von 23,5 PS, der ober auf der Grundlage „Vierzylinder, Boxer, OHV, luftgekühlt" so überlegen konzipiert war, daß er noch heute der gleiche ist, der standfeste, robuste, millionenfach bewährte Motor, der in der Grundform nach über fünf Jahrzehnten immer noch, und auch in der Zukunft, bei der Wellmotorisierung beachtlich mitspielen wird.

Neben dem 68 PS Motor wird ab Baujahr 1968 eine 80 PS, elektronisch gesteuerte Einspritzversion in das Programm aufgenommen.

Die letzten Motor-Varianten ab August, in der Normalbenzinversion, haben 1973 eine Leistung von 75 PS (55 kW). In der Superbenzinversion haben sie 1973 eine Leistung von 85 PS (63 kW).

Als letzter technischer Entwicklungsschritt erscheint, unter der Verwendung von Superkraftstoff, 1973 eine 85 PS elektronische Einspritzmotor-Version.

Nordland Käfer

Ersatzteilversorgung,
Chrom, Zubehör,
Blech- und Verschleißteile,
Kundenberatung und Service.

Dirk Hansen
Behmstraße 2 - 4
24941 Flensburg
Telefon: 0461 - 98534
Telefax: 0461 - 979419

Tuning von Typ I Motoren

Alles was das KÄFERHERZ begehrt !!!

Wo trifft man sich
in der
Käfer & Co Szene

**Petra Grewe
Julienstr 59
45130 Essen**

Tel.: 02 01 / 78 31 46
Fax.:02 01 / 78 31 49

KARMANN GHIA UND VW-NEUTEILE VON VETERANENDIENST

PETER FRIED
Obergasse 6 D-67125 DANNSTADT
Tel. 06231 - 7611 Fax. 06231 - 687
Tel. Lager 06024 - 50012
Mobil Tel. 0161 - 1845290

*Gerne beantworte ich Ihre schriftliche Teileanfrage!
(bitte DM 1,- Rückporto beilegen.)*

Mach was draus- schöner offener breiter tiefer nobler ☎ 07258/7860

Farb-Info-Paket 20.– DM (nur Vorkasse – keine Nachnahme) von FROST, 75015 Bretten

BSA

Komplett-Kit für Golf II und III

Radprogramme von 13" bis 17"

Sportauspuffanlagen für Straße und Motorsport

Fahrwerkskomponenten

Innenausstattung / Sitze

Lenkräder in Wurzelholz, Carbon-Optik

Händlernachweis durch

BSA Autoteile GmbH
Draisstraße 1
69469 Weinheim
Telefon 0 62 01 / 10 01-40
Telefax 0 62 01 / 10 01-58

NORDMANN Käfer-Teile

KUPPLUNG
Mitnehmerscheiben
180 mm 49,–
200 mm 59,–
Druckplatten
ab 8/91 180 mm 89,–
bis 7/71 180 mm ... 82,–
Ausrücklager
bis 7/71 33,–
ab 8/71 29,–

ANTRIEB/BLECHTEILE
Motordichtsatz
32/37 kW (44/50 PS) 13,–
Getriebedichtsatz
Pendelachse ab 8/65 17,50
Vergaser Typ 34PICT-3 350,–
Benzinpumpe 45,–
Benzinp. Flansch 7,50
Benzinfilter 6 oder 8 mm 14,50
Ölthermostat 98,–
Kotflügel hinten 85,–
Kotflügel vorn .... ab 110,–
Spritzwand mit Prägung
(einwandig), nur 1200-1500 25,–
Rahmenkopfunterteil 02/03 ·· 129,–
Kotflügelkeder, Stück 4,–

STOSSDÄMPFER
Koni .... ab 98,–
Spax .... ab 139,–
Serie .... ab 39,–

BREMSEN
Bremssättel NEU
Fabrikat ATE,
o. Klötze 159,–
Fabrikat Varga,
m. Klötzen ... 129,–

Bremssättel überholt, Fabrikat Girling
2 Stück, komplett mit Klötzen 290,–
Bremsscheiben
deutsche Qualität 69,–
brasil. Qualität 49,–
Bremsbeläge
30 mm 29,–
Bremsbacken
30 mm 45,–
40 mm 45,–

☑ *Täglicher Versand per NN bei uns selbstverständlich! ausführliche Preisliste gegen 3,– DM in Briefmarken.*

Sülldorfer Brooksweg 93 · 22559 Hamburg
Öffnungszeiten: tägl. 15-18.30 Uhr · Sa. 10-13 Uhr
Tel. + Fax: (040) 81 67 32   Inh. D. Nordmann

RAT — REMMELE AUTO TECHNIK
• Groß- und Einzelhandel •
72270 Baiersbronn-Röt • Murgtalstraße 332
Telefon: 0 74 42/71 13 • Telefax: 0 74 42/71 13

- Räder/Reifen
- Fahrwerkstechnik
- Koni-Bilstein
- Rennsport-Zubehör
- König-Sportsitze
- Zubehör
- Auto-HIFI
- Ersatz- und Verschleißteile

FÜR SÄMTLICHE FAHRWERKS- UND ZUBEHÖRTEILE IST DER EINBAU IN FACHWERKSTATT MÖGLICH

Wir bearbeiten auch Motorenteile

! YOKOHAMA STÜTZPUNKTHÄNDLER !

AUTOSATTLEREI SEEFELDT

Cabrioletverdecke
Lederausstattungen
Teppichausstattungen
Himmel

39443 Förderstedt · Bobie 10
Telefon & Fax: (039266) 302

Wenn Sie jemand fragt:

"Woran erkennt man Original-VW-Ersatzteile?"
genügt es nicht, daß Sie sagen:
"Daran, daß sie besser sind!"
Das merkt der VW-Fahrer ja erst, wenn er auch nach der Reparatur mit seinem Wagen glücklich und zufrieden bleibt.
Richtig ist es, unsere VW-Freunde aufzuklären und ihnen zu sagen, daß die meisten Original-VW-Ersatzteile das geschützte VW-Zeichen eingegossen, eingeschlagen oder aufgedruckt tragen oder mit einer Echtheitsmarke beklebt sind.

..... über 70.000 verschiedene VW-Ersatzteilepositionen auf Lager

Neben Original VW-Ersatzteilen aus Altbeständen finden Sie bei uns natürlich auch hochwertige Reproduktionen und preiswerte Importware. Unsere Mitarbeiter beraten Sie dazu gerne. Damit wir viel Zeit für Sie haben, sehen wir Besuchen in unserem Hause nach Absprache gern entgegen.

- *täglicher Expressversand direkt ab Großlager*
- *kulante Rückgabe*
- *15 Jahre weltweite Erfahrung in Restaurationsfragen*
- *Originalitätsberatung auch in schwierigen Fällen*
- *geringe Versandkosten durch professionelle Packabteilung*
- *großes Austauschprogramm technischer Komponenten*

**Im Mühlenbach 9-11
53127 Bonn
Tel.: 02 28 / 25 65 40 / 25 57 40
Fax.: 02 28 / 25 02 78
Mo. - Fr. 09.00 - 18.00 Uhr**

VW-Veteranen-Dienst
Fa. Claus - E. v. Schmeling

Ersatzteile für VW Baujahr 1940 - 1979

LEISTUNGSSTARK ZUVERLÄSSIG STANDFEST

Alle von uns entwickelten Motoren haben ihre Qualitäten bereits im Alltag und im Motorsport erfolgreich bewiesen. **Nutzen auch Sie unsere Erfahrungen.**

UNSER PROGRAMM UMFASST:
Rumpf- und Komplettmotoren Typ 4 von 74kW (100 PS)

Komplettmotor	2.0L / 74	kW	(100 PS)	DM 12539.-
Komplettmotor	2.0L / 96	kW	(130 PS)	DM 14049.-
Rumpfmotor	2.0L / 96	kW	(130 PS)	DM 4930.-
Rumpfmotor	2.0L / 103	kW	(140 PS)	DM 6730.-
Rumpfmotor	2.0L / 110	kW	(150 PS)	DM 7120.-
Rumpfmotor	2.4L / 132	kW	(180 PS)	DM 9980.-

Ersatz- und Tuningteile für Typ 4 auf Anfrage.

ING. WILKE MOTORENBAU GMBH
**Vogelsanger Str. 385 a • 50827 Köln • Telefon : 02 21/58 56 41
Neuen Katalog gegen DM 5.- in Briefmarken anfordern**

KÄFER FREUND

Tuning aller Art Restauration/Umbau
Sandstrahlarbeiten/Unfallreparaturen
Ganzlackierungen
Gebrauchtteile
von ca. 50 zerlegten Käfern

Laufend ca. 25 gebrauchte VW Käfer abzugeben, überwiegend
Oldtimer ab Bj. 51, sämtliche Raritäten ab Bj. 51
VW Käfer Neuteile aus Altbeständen (Liste anfordern)
Massiv Käfer Schmuck (Liste anfordern)
Transport unserer Käfer bundesweit möglich
Über 100 x VW Käfer sind durch unsere Hände gegangen
Hochwertige original Autoteppiche
Alle Listen-Zusendungen kostenlos

KÄFER - FREUND Deching 5   94131 Röhrnbach
Tel.0 85 82 - 85 88   Fax. 0 85 82 - 84 94

SIMON'S BUG IN

Inhaber: Simon Leiss
Hölderlinstraße 60
70193 Stuttgart
Telefon: 07 11 / 2 26 81 20
Telefax: 07 11 / 2 23 73 45

Geschäftszeiten:
Di-Fr 10.30 -18.30 ı Sa 10.00 -14.00
Montags geschlossen

Hier nur ein kleiner Auszug aus unserem riesigen Teileangebot:

- Motortuning + Teile
- Auspuffanlagen
- Höhenverstellbare Vorderachsen
- Fahrwerksteile
- Armaturenbretter (Alu, GfK)
- Chromfelgen
- Reifen in Sondergrößen (Buggy, Trike)
- Blechteile
- Originalteile
- Fachliteratur
- Accessoires

- Vergaseranlagen
- Stabilisatoren
- Kunststoffkotflügel
- Sitze
- Alufelgen
- Innenausstattungen
- Rammbügel
- Dichtungen
- Motorbearbeitungen
- T-Shirts
- Individuelle Beratung

Ebenso unsere vielfach bewährten Aluminium Trittbretter in verschiedenen Ausführungen

Und noch vieles mehr ! ! ! !
Am besten Sie schauen einfach mal vorbei und
überzeugen sich selbst.

chamonix

46149 Oberhausen
Lindnerstr. 51
Tel.: 02 08 - 65 24 86

Glasfaser - und Fahrzeugteile Produktions - und Handels GmbH

Spyder

49.800,- DM

Wir fertigen für Sie , nach Ihren
Wünschen, Spyderfahrzeuge aus
Glasseidengewebe, mit G - KAT.

UEBEL
TUNING ZUBEHÖR ERSATZTEILE

Wir haben rund um den **Käfer** jede Menge Teile und Angebote. Auch für Fragen stehen wir Ihnen jederzeit gern zur Verfügung

UEBEL Tuning
Braunschweiger Str. 74 38518 Gifhorn
Tel.: 0 53 71 / 1 48 85 Fax: 0 53 71 / 1 48 86

Wittkuhn

Auf der Reihe 62c
45327 Essen
Tel. 0201 / 292659

MOTOREN λ TUNING λ TECHNIK λ TEILE

Wir bieten zuverlässige und standfeste Motoren komplett mit Einbau und Eintragung durch eigenes TÜV-Gutachten.

1,6 ltr. 37 kW (50 PS)	bleifrei Typ I	4.800,- DM
1,8 ltr. 74 kW (100 PS)	bleifrei Typ I	8.200,- DM
1,7 ltr. 59 kW (80 PS)	bleifrei Typ 4	11.500,- DM
1,8 ltr. 74 kW (100 PS)	bleifrei Typ 4	14.500,- DM

Bei o.g. Motoren ist kein Ausfräsen des Gehäuses erforderlich. Die Motorhaube wird nicht ausgeschnitten. Andere leistungsgesteigerte Typ I und Typ 4 Motoren auf Anfrage. Alle Motoren werden mit Neuteilen bestückt.

Wenn's um Käfer-Tuning geht!

Wir liefern Ihnen aus unserem Lieferprogramm:

Motortuning-Bausätze, Motorbearbeitungen, Zylinderköpfe, Kurbelwellen, Nockenwellen, Kolben u. Zylinder, Ventile, Pleuelstangen, Ölpumpen, Ölkühler, Ölkühler-Thermostate, Ölkühlanlagen, Vergaseranlagen, Vergaser, Luftfilter, Auspuffanlagen, Stabilisatoren, Fahrwerksteile, individuelle Beratung.

Ing. Bernd Riechert

Motorentechnik
für Käfer Typ I und Typ IV

42551 Velbert
Lieversfeld 14
Tel. 02051 - 21232
Fax. 02051 - 251320

Teppiche, Himmel und Seitenverkleidung in vielen verschiedenen Farben für Käfer, Karmann Ghia, Bus II, Typ III, Golf I und Scirocco I.

Inh. Karin Ley

Ahornstraße 39 - 74592 Kirchberg/Jagst
Tel. 0 79 54 - 13 26   Fax. 0 79 54 - 10 86

Wir bauen "Ihren" Käfer

Bei uns dreht sich alles um Käfer & Co.
Vom normalen Service über Restauration bis hin zum völligen Neubau Ihres Fahrzeugs bieten wir alles unter einem Dach.

Unsere Motorenpalette reicht vom Serienmotor über Hochleistungs Typ 4 bis zum Wasserboxer.

Außerdem liefern wir:
Spezial Anlasser mit 2,2 PS (1,7 kW) für Sportmotoren.
Kühlgebläse für Typ 4 mit Golf Lichtmaschine.
Sportnockenwelle für Typ 1 - 2 - 3 - 4 im Tausch.

ALFRED KNUF
Die Fachwerkstatt für luftgekühlte VW's. Gegründet 1977.

Am Stadion 33 45659 Recklinghausen
Telefon. 0 23 61 / 2 67 54   Telefax. 0 23 61 / 2 67 54

C.&C. Schröder GmbH

Speed + Tuning Parts

Duvendahl 88, 21431 Stelle
Telefon: 04171 / 59955
Telefax: 04171 / 50065

Öffnungszeiten:
Mo. - Fr. 9.30 - 12.30 Uhr und 13.30 - 18.00 Uhr 9.30 - 13.00 Uhr.

MOTOR BEARBEITUNGEN NUR TYP 1:
Hauptlagergasse bohren
Kurbelgehäuse bohren
Zyl. Köpfe bohren
...und vieles mehr...

AUS UNSEREM TEILE-PROGRAMM:
Motorteile Typ 1
- Standard und Tuning
Fahrwerksteile
Chromteile, Rep.-Bleche
... und anderes Zubehör...

Wir befassen uns seit über 10 Jahren mit dem Käfer-Tuning.

Fordern Sie unseren Hauptkatalog an -kostenlos-
Täglicher Teileversand per Nachnahme. Fast alle Teile ständig am Lager!

KRÄMER
KÄFER-TUNING
MOTOREN-TECHNIK

Motorenbau
Spezialmotoren
Wettbewerbs- u. Rennmotoren
Einzel- u. Sonderanfertigungen
Fahrwerksumbauten
Bremsanlagen

TÜV- u. Sonderabnahmen
Restaurationsarbeiten
Opt. Fahrzeugaufwertung
Aluminiumschweißarbeiten
Motorenteile bearbeiten
Motoren- u. Leistungsprüfstand

Spezial-, Ersatz- und Verschleißteile sowie Zubehör auf Lager.

Fordern Sie unseren neuesten Tuning-Katalog mit Preisliste an! (DM 10,– Vorkasse Schein/Scheck)

An den Weiden 61 · 57078 Siegen · Telefon (0271) 82999 · Fax 82099

5 „EL SEDAN"
5.1 Der Mexico Käfer

Mit der Verlagerung der Käferproduktion von Emden nach Mexiko wird der Lieferumfang des erfolgreichsten Automobils der Welt gestrafft und in wichtigen Teilbereichen aufgewertet. Es gibt künftig eine Ausstattungsversion, die im wesentlichen der bisher bekannten L-Ausstattung entspricht. Zusätzlich bietet der Käfer serienmäßig eine Ausgleichsfeder an der Hinterachse und Gürtelreifen 155 SR 15.
Für erhöhte aktive und passive Sicherheit sorgen der abblendbare Innenspiegel, die beheizbare Heckscheibe, verstellbare Kopfstützen und Dreipunkt-Automatik-Sicherheitsgurte an den Vordersitzen. Dem Komfort von Fahrer und Insassen dienen die Benzinuhr, die Sonnenblende und der Haltegriff auf der Beifahrerseite.
Das Herzstück dieses Volkswagens ist der wirtschaftliche, luftgekühlte 1,2-l-Motor mit 25 kW (34 PS). Der Käfer wird angeboten in den Farben Alpinweiß, Marsrot, Dakotabeige, Miamiblau und Manilagrün.

Es begann mit dem Käfer
Der weltweite Erfolg des Volkswagen Käfers lag in der Philosophie, ein Auto zu kreieren, das sich durch ausgezeichnete Qualität, hohe Wirtschaftlichkeit, große Wartungs- und Reparaturfreundlichkeit auszeichnet und das aufgrund dieser Charakteristiken den Bedarf für den Individualtransport einer breiten Bevölkerungsschicht optimal deckt. Diese Eigenschaften und die spezifischen topographischen und infrastrukturellen Gegebenheiten Mexikos forderten geradezu heraus den Käfer auch diesem Markt nicht vorzuenthalten. Damit begann die Geschichte von Volkswagen de Mexico des heute größten Automobilherstellers des Landes.
Ab 1955 wurde der Käfer in ständig wachsender Zahl in Mexiko montiert bis man 1967, nach Fertigstellung des neuen Volkswagenwerkes in Puebla, zu einer nationalen Produktion überging. Resultat: der Käfer hat heute nicht nur den höchsten nationalen Fertigungsanteil aller hier produzierten Fahrzeuge, sondern ist dank seiner Preiswürdigkeit und Qualität auch das meistverkaufte Auto. „El Sedan" wie der Käfer hier heißt, war auch in Mexiko die Basis für den exzellenten Ruf und Erfolg der Marke Volkswagen.

Die Geschichte des Käfers in Mexico
Im Jahr 1954, anlässlich der Messe "Deutschland und seine Industrie", kamen die ersten Käfer nach Mexiko. Kurz davor war die erste Importgesellschaft Volkswagen Mexicana, S.A. gegründet worden.

Montage der ersten Käfer
Im Juni 1955 wurde mit Studebaker Packard de Mexico, S.A. ein Montagevertrag abgeschlossen. Die dort zusammengebauten Käfer wurden in den folgenden Jahren immer beliebter und eroberten schnell den mexikanischen Markt.

Die steigende Nachfrage sowie der damit verbundene Bedarf für Wartung und Ersatzteile führte zur unmittelbaren Schaffung von Händlerbetrieben, nicht nur in Mexiko-City, sondern auch in anderen Teilen des Landes.

Promexa
1962 wurde in Xalostoc, im Bundesland Mexiko, die Firma Promexa (Promotora Mexicana de Automoviles) gegründet, das erste Volkswagen-Montagewerk in Mexiko. Die Firma Volkswagen de Mexico, S.A. wurde am 15. Januar 1964 gegründet und übernahm gleichzeitig das Unternehmen Promexa. Damit war die Basis für eine vielversprechende industrielle Tätigkeit geschaffen.

Ein neues Werk in Puebla
Aufgrund des ausgezeichneten Erfolgs des Unternehmens beschloss die Geschäftsleitung, ein neues Werk zu bauen. Am 27. Februar 1965 wurde der Kaufvertrag für ein Grundstück mit der Regierung des Bundeslandes Puebla unterzeichnet. Damit wurde die Basis geschaffen für ein Werk, das nur wenige Jahre später zum grössten Automobilhersteller Mexikos aufsteigen sollte.
Auf einem Grundstück von 2 Millionen Quadratmetern vor den Toren der Stadt Puebla wurde diese Fabrik bald zu einer bedeutenden Arbeitsquelle des Landes.

Der 50tausendste Käfer
Noch während das neue Werk gebaut wurde, konnte im Januar 1966 in Xalostoc die Montage des 50tausendsten Käfers gefeiert werden, obwohl es sieben Jahre vorher im ganzen Land noch nicht einmal tausend gewesen waren. Der Käfer hatte sich zum mexikanischen Auto der Zukunft entwickelt, und die steigende Nachfrage beschleunigte zwangsweise den Produktionsrhythmus.

Inbetriebnahme des Werkes in Puebla
Im März 1966 begann die Einstellung der Arbeiter und Angestellten, die als Pioniere des Werkes in Puebla zur wichtigen Grundlage der Produktion werden sollten.

Der erste Käfer aus mexikanischer Produktion
23. Oktober 1967 - ein historisches Ereignis für Volkswagen de Mexico:
Der erste Käfer rollt vom Produktionsband des neuen Werkes in Puebla.

Nummer 1 auf dem mexikanischen Markt
Am 12. Juni 1968 lief der 100tausendste Käfer vom Band, und wenige Monate später erreichte Volkswagen den ersten Platz auf der Rangliste der PKW-Verkäufe in Mexiko. Bis heute konnte diese Marktposition behauptet werden. Bemerkenswert ist, daß diese damals mit einem einzigen Modell, dem Käfer, erzielt wurde.

Im Oktober 1971 lief der 200tausendste Käfer vom Band.
Zum ersten Mal in der Automobilgeschichte Mexikos wurde diese Produktionszahl mit nur einem Modell erreicht. Persönlichkeiten aus Regierung, diplomatischen Kreisen, Industrie- und Arbeitervertretungen, sowie Mitglieder des Händlernetzes, das inzwischen auf 118 Betriebe angewachsen war, feierten diesen Produktionsrekord.

Verkauf von über 100 000 Einheiten im Jahr 1974
Im Jahr 1964 wurden 8 386 Fahrzeuge verkauft, und nur 10 Jahre später belief sich das Absatzvolumen auf über 100 000 jährlich. Es wurden 98 539 Fahrzeuge auf dem nationalen Markt und 16 539 im Ausland abgesetzt. Ein weiterer Meilenstein in der Erfolgsgeschichte von Volkswagen de Mexico.

Der 500tausendste Käfer
Am 15. Mai 1975 rollte der 500tausendste in Mexiko hergestellte Käfer vom Endmontageband.

Eine Million Volkswagen in Mexiko
Die außerordentlich positive Entwicklung auf dem mexikanischen Automobilmarkt führte im September 1980 zur Produktion des einmillionsten Volkswagen in Puebla.

Weltrekord- Produktion des 20millionsten Käfers
Am 15. Mai 1981 lief in Puebla der 20millionste Käfer vom Band, ein einmaliges Ereignis in der Automobilgeschichte. Mit seinem Urvater von 1939 hat dieser Weltmeister von 1981 konstruktionsmäßig nur noch ein einziges Teil gemeinsam: Die Klemmleiste für die vordere Haubendichtung.

Ein schöner Beweis dafür, wie Volkswagen um die ständige Weiterentwicklung und Verbesserung der Modelle bemüht ist. Ein Ende der numehr über 50 Jahre dauernden Käfer-Produktion ist nicht in Sicht.

Der 100tausendste Volkswagen für den Export
Im März 1982 wurde in Veracruz der 100tausendste Volkswagen verschifft, um die anhaltende Nachfrage verschiedener europäischer Märkte zu befriedigen.

Käferproduktion in Mexiko

Jahr	Stück	Jahr	Stück	Jahr	Stück
1954	144	1968	23 709	1981	48 861
1955	772	1969	24 437	1982	57 133
1956	108	1970	35 303	1983	41 810
1957	168	1971	44 037	1984	50 033
1958	696	1972	52 503	1985	30 693
1959	480	1973	62 914	1986	16 746
1960	1 692	1974	77 391	1987	17 166
1961	2 304	1975	71 978	1988	19 008
1962	2 899	1976	50 069	1989	32 421
1963	6 140	1977	25 927	1990	84 716
1964	8 245	1978	51 697	1991	85 681
1966	18 519	1979	53 932	1992	86 613
1967	17 630	1980	47 666		

In Deutschland wird der Käfer zur Zeit von einigen Firmen aus Mexico importiert.

Der Basis-Preis liegt zwischen 19 800 und 24 000 Mark.

Die Ausstattung beinhaltet:
Geregelten Katalysator
Hohlraumversiegelung
Unterbodenschutz
Zweikreisbremssystem
50-PS Motor mit Einspritzanlage Digifant
Verchromte Stoßstangen
4-Gang Getriebe
Nebelschlußleuchte
Akkustischer und optischer Alarm
Zweikreisbremskontrolleuchte
Scheibenwischer (2 Geschwindigkeiten und Intervall)
Licht in der Motorhaube
Kippfenster vorn (Flügelfenster)
Automatische Sicherheitsgurte vorn und hinten
Kopfstützen vorn
Aschenbecher vorn und hinten
Fußraumheizung
Feuerlöscher
Auswechselbares Ölfilter

Der Käfer ist lieferbar in alpinweiß, maritimblau und tornadorot

An Zubehör können folgende Teile bestellt werden:
Standheizung
heizbare Heckscheibe
Außenspiegel rechts
Uhr
Faltdach
Sportlenkrad
Stahlsportfelgen 5,5 x 15
Reifen 195 / 70 VR15
Anhängerkupplung
Radio/Stereokassettenrekorder

5.2 Der Käfer-Import

Die Idee zweier Studenten im September 89, Nico Sauer und Martin Ebert, war die Grundlage für eine Firma mit dem exotischen Namen "Beetles Revival": Die englische Bezeichnung für die "Wiedergeburt des Käfers" in Deutschland und in Europa! Nachdem die Beschaffungsprobleme vor Ort in Mexiko und die Zulassungshürden in Deutschland genommen worden waren, konnte die Nachfrage vieler Liebhaber des Krabbeltiers endlich wieder gestillt werden.

Mexico Käfer

Die Unterstützung seitens VW-Deutschland wurde anfangs verwehrt, aufgeben wollten Nico Sauer und Martin Ebert aber nicht: So wurden im Mai 1991 die ersten Fahrzeuge ausgeliefert, nachdem man in Deutschland seit dem August 1985 keinen Nachschub mehr bekam.

Durch die enge Zusammenarbeit mit der Firma Paul Wurm ln Stuttgart war es von Anfang an möglich, nagelneue Käfer mit geregeltem Katalysator auszuliefern. Darüber hinaus wurde sowohl der Komplettmotor mit G-KAT (1,6 1/46 PS) angeboten als auch ein geregelter Nachrüstkatalysator für alle umweltbewußten Käferliebhaber entwickelt.

Durch die enorme Nachfrage nach originalgetreuen Cabrios begann man im September 1992 mit der Realisierung eines offenen Käfers der (bis auf den technischen Fortschritt) dem 1300er Cabrio des Modelljahres 68-70 entspricht.

Für den Umbau auf Cabrio ist der Aufwand recht hoch: Erst wird das Dach abgesägt, dann Karosserie-Stabilisierungen eingeschweißt, Verdeckgestänge werden eingebaut und die Seitenfenster geändert. In rund 250 Arbeitsstunden entsteht ein schikkes Käfer-Cabrio. So daß mit jeder Fertigstellung beim Beetles-Revivel-Team Freude aufkommt.

Als passenden Standort für die Fertigung suchte man sich einen kleinen Ort in der Nähe von Schwerin aus (Nähe zur Autobahn A 24 Nähe zu Hamburg und zu Berlin), da das Geschäft nun vom reinen Handelsbetrieb zum Karosseriebaubetrieb erweitert werden mußte. Die Autos werden dort in reiner Handarbeit und mit viel Liebe originalgetreu angefertigt. Die dafür verwendeten Teile entstammen zum größten Teil dem VW-Lieferprogramm; alle nicht mehr lieferbaren Teile werden in Eigenrerie vor Ort nachgefertigt oder in Brasilien in Auftrag produziert.

Eine eigene Sattlerei ergänzt das Programm von Beetles Revival, so daß man auch entsprechende Restaurationen durchführen kann.
Zur Zeit arbeitet man an einer getunten Variante des seit dem Modeljahr 1993 werksseitig in den neuen Käfer eingebauten 1600i Digifant-Einspritzmotor mit 1800 ccm und ca. 55 kW/75 PS.

So wurde aus der Idee von Nico Sauer und Martin Ebert im mecklenburgischen Wöbbelin, einem bis heute noch recht unbekannten Dorf, kurzerhand die Firma »Beetles Revival« die den Käfer wiederbeleben will.

Käfer-Import

Fahrzeughandels-
gesellschaft mbH

Beetles Revival
Fliederweg 11
19288 Wöbbelin

Telefon: 03 87 53 - 544
Telefax: 03 87 53 - 544

»Käfer- Wiederbeleber«

Unser Lieferprogramm:
Mexico-Käfer, Käfer-Cabrio, Restauration, Ersatzteile

VW Käfer & Golf-Tuning
Wir bieten Ihnen
ein umfangreiches Programm
und unsere Erfahrung
Beste Ergebnisse aus Alltag und Sport!

Ralf Nees & Burkhard Retat   *Motorentechnik*

Schloßstraße 11
42551 Velbert

Telefon. 02051 - 57337

5.3 Käfertreffen

In den letzten Jahren werden die Käfertreffen immer beliebter. Zwischen 2 000 und 3 000 Käfer kommen alljährlich zu diesen Treffen um von ihren Besitzern nach der Bastelzeit in den Wintermonaten vorgeführt zu werden. Die oftmals mit viel Mühe und finanziellem Aufwand hergerichteten "Traumkäfer" müssen ja auch dem interessierten Publikum gezeigt werden.

Die meisten kennen sich untereinander und es ist wie ein großes Familientreffen. Die Organisation ist gut und die Käferfreaks kommen gern jedes Jahr. Hier geht es ja in der Hauptsache darum, zu sehen und gesehen zu werden. Voller Stolz präsentieren die zum größten Teil jungen Käfer-Fahrerinnen und- Fahrer ihre Käfer.

Aus den vielen, gut vorbereiteten Treffen greifen wir zwei heraus, weil sie uns auch dieses mal wieder als besonders typisch erscheinen. Zunächst einmal das Käfertreffen in Castrop Rauxel, es ist zwar nicht eines der ersten im Jahr. aber neben dem Maikäfertreffen eines der größten.

Castrop Rauxel im Ruhrgebiet.
Hier wurde, begleitet von der Stadt Castrop Rauxel, ein VW Forum ins Leben gerufen, das jedes Jahr wiederholt werden soll. Auch hier ist die Vorführung der unterschiedlichsten Käfer oder auf Käferbasis hergestellter Umbauten das Wichtigste.

Ansammlung der Käfer Fans beim Käfer Treffen.

Daneben werden aber bunte Nebenprogramme geboten: So z.B. ein Geschicklichkeitsturnier, Autotauziehen, Miß Forum-Wahl, eine Disco-Night und natürlich ein Auto-Corso durch die Innenstadt. An dem letzten VW-Forum-Wochenende nahmen mehr als 20.000 Besucher teil.

Le Mans in Frankreich.
Das wohl größte Treffen luftgekühlter VW's fand in Frankreich statt. Allerdings diesesmal nicht, wie gewohnt in Jablines, sondern an der Rennstrecke in Le Mans. Schuld daranwaren die entstandenen Schwierigkeiten im Vorjahr, als einige Käferfans mehr erschienen waren, als dies bei den Vorbereitungen geplant war. Am neuen Veranstaltungsort waren Platzprobleme natürlich ein Fremdwort.

Das Wahrzeichen von Le Mans! Bekannt durch die 24 Stunden Rennen.

Samstagmorgen war hier Power angesagt. Zunächst konnten aber die Frühaufsteher an einer Rallye rund um Le Mans teilnehmen. Der Zustrom zum Veranstaltungsgelände war weiterhin ungebrochen. Den ganzen Tag über fuhren Käfer und ihre Ableger auf den Platz, etwa 2.500 Stück! Gegen Mittag wurde es er erneut spannend, die ersten Käfer des französischen Käfer-Cups bevölkerten die Rennstrecke.

Unter ihnen befanden sich sehr bekannte Leute: Fabrice Lefebvre von der Firma Car Concept mit einer 2,4l Maschine und Bruno Bossut von der Firma Simili mit einem 2,0 l starken Motor. Mit dabei war aber auch Jacky Morel, Chefredakteur des "Super VW Magazine". Unter den Cup-Fahrzeugen befanden sich allerdings auch ein paar deutsche Wagen.
Beim gemeinsamen harten Rennen gingen die Teilnehmer überaus fair miteinander um.

Käfertreffen 223

Auf den Zuschauerrängen konnte man sogar die berühmte La Óla Welle beobachten, jedesmal wenn ein schneller Käfer vorbei zog, ging die Menschenmenge begeistert mit.

Die eigentliche Attraktion folgte aber erst noch. Knapp eine Stunde nach dem Cup-Rennen machten sich die versammelten Dragster zum Sprint über 200 m bereit. Faszinierend natürlich für viele die "burn outs" zum Anheizen der Reifen. Die überwiegende Zahl der Fahrzeuge waren Käfer und was davon übrig geblieben war.
Beim eigentlichen Rennen war die Zuschauermenge vollkommen aus dem Häuschen, wenn die Starterampel auf Grün umsprang und die angetretenen Dragster auf der Piste "Gas machten". Wobei der schnellste unter ihnen die Distanz in 6,8 Sekunden bewältigte.

Am Abend ging man dann etwas bummeln, machte Fotos und kaufte ein paar Sachen ein. Doch als man dachte, daß es jetzt wohl etwas ruhiger würde und man sich in aller Ruhe schlafen legen könnte, Irrtum, jetzt ging es erst mal richtig los. Eine "Mega Late Night" mit vollem Licht und Musik, die von Samstagabend bis in die frühen Morgenstunden des Sonntags ablief.

Am Sonntag ging, inzwischen hatten sich so an die 3 000 VW's an der Strecke eingefunden, das Treffen in seiner Heftigkeit weiter. Alle Teilnehmer am Schönheitswettbewerb hatten trotz der vereinzelten Regenüberraschungen ihre Fahrzeuge sowie deren Motore auf Hochglanz gebracht.

Ein Blick in den Teile-Basar beim Käfertreffen in Le Mans/Frankreich.

Am Nachmittag tobten sich dann noch einige Käfer und Buggys im Schlamm aus, wobei immer wieder erstaunlich war, wie leicht der Käfer, oder dessen Technik, mit dem schwierigen Gelände fertig wurde.

Das Ende des Treffens kam. Allerdings war dies nicht weiter schlimm, schließlich hatte sich das Gelände rund um die Rennstrecke in Le Mans als hervorragend für eine der größten VW-Veranstaltungen erwiesen. Deshalb sollten sich alle im Kalender von 1994 schon mal eine Notiz für Le Mans machen - dann gibt es nämlich das 7. Super VW National '94 !

Käfertreffen gibt es das ganze Jahr über und überall treffen sich die Liebhaber dieses einmaligen Autos und tauschen Erfahrungen aus, geben Tips und lassen sich von den jeweils vorhandenen Tunerfirmen beraten oder kaufen dort ihre schon lange gewünschten Teile.

Schließlich sollen ja jede Menge Originalteile und noch mehr Chrom unter die Leute gebracht werden.

Besonders aufzuführen sind die vielen Altteile, die hier oft zu günstigen Preisen, wie auf einem Flohmarkt, angeboten werden. Man kann hier, wenn man Glück hat, Ersatzteile für eine alte, aber noch gute Zweivergaseranlage oder andere Teile bekommen.

Ein Besuch lohnt sich auf jeden Fall.

Die wichtigsten Treffen, neben vielen anderen, finden an folgenden Orten statt:

Maikäfertreffen am 1. Mai Hannover.
Chemnitzer Treffen in Chemnitz.
Internationales Käfertreffen in Hardert.
Internationales Buggy-Treffen in Neuss.
Kevertreffen in Baarlo / Niederlande.
Internationales Großglocknertreffen.
VW-Forum in Castrop-Rauxel.
VW-Boxertreffen in Wilhelmshaven.
Internationales Käfertreffen in Tannhausen.
Luftgekühltes Treffen in Fritzlar.
Super VW National in Le Mans.
Internationales Cabrio Festival in Sinsheim.
Surf World Cup in Sylt.

Alle Veranstaltungstermine können Sie monatlich
aus der Zeitschrift "VW Scene" entnehmen.

5.4 Käfer-Cup

Rundstreckenrennen mit dem VW-Käfer?
Kaum vorstellbar. Sind doch die Tugenden des Käfers jedem bekannt: zuverlässig, robust, preiswert, einfache Technik und die unverkennbare Form nicht zu vergessen. Was aber spricht gegen einen zuverlässigen, robusten, preiswerten Rennwagen? Nichts! Wenn da nicht die strengen Gesetze des Motorsports wären.
Der Käfer war seit Jahren nicht mehr homologiert. Also blieb nur noch die Gruppe H im Regelement der ONS übrig. Und jemand der die ganze Sache in die Hand nimmt. Nachdem auf dem Salzburgring schon einige wilde Käferrennen stattfanden, die für viel Fahrfreude bei den Fahrern sorgten, kam es dann 1989 zum Käfer-Cup.

Klaus Morhammer, Jurastudent aus Gautingen im schönen bayerischen Oberland, kniete sich voll in diese Aufgabe hinein. Sein Vater war in den 60er und 70er Jahren ein erfolgreicher Motorsportler, der es im Auto-Cross zu vielen Siegen gebracht hatte. Daher wußte Herr Morhammer worauf er sich da einläßt.

Einige alte Bekannte aus der Salzburgringzeit waren begeistert von dem Gedanken, mit ihren heißgeliebten Käfern demnächst auf den Rennstrecken im In- und Ausland richtige genehmigte Rennen mit allem Drum und Dran zu fahren. Beim Lesen der Starterlisten tauchen auch noch heute diese Namen auf, wie z.B. die Gebrüder Hassmann, Fritz Kolb, Dr. Josef Gerold, Ingo Gaupp um nur einige zu nennen.

Das technische Reglement sieht heute etwas anders aus wie im Gründungsjahr. Konnte man am Anfang noch mit serienmäßigen 50 PS in der Div. V starten, ist das 1994 nicht mehr ratsam. Überrundungen durch die Mitbewerber könnten einem den ganzen Spaß verderben. 1994 wird in drei Klassen gefahren. Die eben erwähnte Div. V und die Klassen W1 und W4. Div. V ist gedacht als Einsteigerklasse.
Doch muß man hier schon mit einem Motor, dessen Hubraum freigestellt ist und noch Gruppe H vorbereitet wird, an den Start gehen. Mit einer großen Einschränkung, die da wäre: Serienvergaser lt. Typenblatt. Desweiteren darf keine zusätzliche Luftgemischanreicherung vor und nach dem Vergaser vorgenommen werden.
Ein einheitlicher Ansaugtrichter der über Käfer-Motorsport zu beziehen ist, wird vorgeschrieben. Die ersten Drei jeden Rennens in dieser Klasse müssen die Serienmäßigkeit ihres Vergasers überprüfen lassen. Dazu kommt noch ein 4.Fahrer der durch das Los bestimmt wird. Damit sind schon einige Rennergebnisse auf den Kopf gestellt worden. Wenn jemand auffällt, erfolgt die Disqualifizierung. Das Auto muß in allen drei Klassen mit einem Sicherheitspaket ausgerüstet werden. Es besteht aus einer Sicherheitszelle, Pulverfeuerlöscher, Hauptstromkreisunterbrecher, Ölauffangbehälter mit 2 Liter Inhalt, minimum Drei-Punkt-Gurt, abgedeckte Batterie, Haubensicherung an Front-und Heckklappe, Abschlepphaken vorne und hinten und einer Verbundglas-Windschutzscheibe.

In der Div. W1 wird der Motor klassig getunt. Es dürfen keine OHC oder Mehrventil-Zylinderköpfe verwandt werden. Einspritzanlagen sind ebenfalls verboten. Auch hier ist der Hubraum freigestellt. Schon 1993 waren in dieser Klasse Motoren mit 2,4 Liter am Start. Hier findet man Walter Schäfer mit seinem grünen Renner. Mit diesem Fahrzeug hat er schon dreimal den Cup-Gesamtsieg errungen und ist der erfolgreichste Käfer-Cup-Fahrer mit den meisten Klassensiegen.

Die Div. W4 besteht aus Käfern mit überwiegend Typ 4 Motoren.
Ebenfalls am Start: Wasserboxer, die auf Luftkühlung umgebaut werden.
Ein Team setzt auf diese Technik; das M+S Motorsport Team aus Bad Essen.

Der Gesamtsieger des Käfer-Cups 1993, Dr. Josef Gerold, fährt einen Typ 4 Motor der von Rolf Holzapfel aus Leonberg gebaut wurde. Das Rolf Holzapfel Tuning Team stellt zur Zeit das stärkste Auto an den Start, mit abnehmbarem Heck zur besseren Bearbeitung des Motors. Eine Schnellhebeanlage darf da auch nicht fehlen. Die Umrüstung auf Räder mit Zentralverschluß wird für 1994 angestrebt.

Im Jahr 1993 waren 55 Fahrer als Cup-Teilnehmer eingeschrieben, um in den drei Motorsportkategorien Slalom, Bergrennen und Rundstreckenrennen an den Start zu gehen. Durch diese Vielseitigkeit wird vom Fahrer großes fahrerisches Können abverlangt. Durch Einsätze im Rahmenprogramm der Deutschen Tourenwagen Meisterschaft in Wunsdorf und auf der Avus in Berlin, haben die Cup-Piloten großes Aufsehen erregt. Die Medien stürzten sich begeistert auf die Rennwagen, aus der Zeit des Wirtschaftswunderaufstiegs.

Käfer-Cup

Ob "Gute Fahrt", "Auto-Motor-Sport", "Rally Racing", "VW Scene", "Hot Car" usw. alle brachten Berichte mit beeindruckenden Fotos des geliebten Käfers.

Alljährlich wird der Käfer-Cup, unter anderem auch in der DTM, auf folgenden Strecken ausgetragen:

Hockenheimring, Avus in Berlin, Flugplatzslalom in Diepholz,
Superslalom Hockenheimring, Europa-Bergmeisterschaft in Trier,
Bayernpreis Salzburgring Rundstrecke, Slalompreis der Stadt Stuttgart,
Eurohill-Bergrennen.

Oldtimer-Festival Nürburgring mit riesigem Käfertreffen und dem Versuch einer Eintragung ins Guinnes-Buch der Rekorde zu schaffen mit der längsten Käferschlange der Welt. Es ist beabsichtigt, die Nürburgring-Nordschleife mit aneinandergereihten Käfern zu füllen, also, alles was einen fahrbereiten Käfer hat, sollte sich die Gelegenheit nicht nehmen lassen in das 2.bekannteste Buch nach der Bibel zu kommen.
Wenn jemand Fragen zum Käfer-Cup haben sollte wende er sich an:
Herr Klaus Morhammer Käfer Motorsport,
Tel.: 089/8500464, Fax: 089/8509330,

Angeregt durch den Käfer-Cup in Deutschland haben sich in den europäischen Nachbarländern ebenfalls eigenständige Rennserien etabliert.

In Österreich: Preis von Österreich, Österreichring, Brünn, in Ungarn, Hungaroring, Saisonfinale, Österreichring.

228   Käfer-Cup

In Holland sind zwei Rennen vorgesehen: Zandvoort, Zolder.

In England werden ebenfalls ca. sechs Rundstreckenrennen gefahren.

Kontaktadresse: für Österreich,
Herr Ing. Helmut Eibel, Akazienweg 2,
A-2232 Deutsch Wagram, Tel.: 0043 2247 4407

Kontaktadresse: für Holland
Herr Sam Jaarma, Tel.: 0031 20 6336834

Kontaktadresse: für Frankreich
Super VW Magazin, Jacky Morel,
F-77313 Marne-La Vallee cedex 2, Fax: 0033 164622474

Kontaktadresse: für England
Volks World Keith Seume, Link House Magazines Ltd. Dingwall Avenue, Croyden CR 2 TA, Fax: 0044 817816042, Beetler Cup Shaun Hollamby.

Für alle neuen Käfer-Cup Fans: In der "Guten Fahrt" und der "VW Scene" finden Sie regelmäßige Rennberichte über den Käfer-Cup.

Käfertreffen in Le Mans / Frankreich 1993

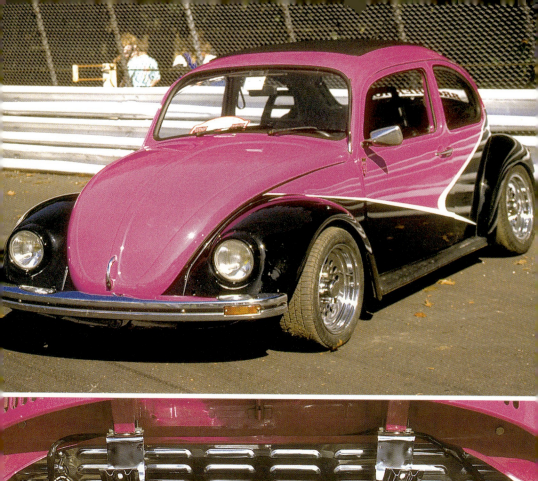

Käfertreffen in Le Mans / Frankreich 1993

Wettbewerbskäfer des Werner Goetschli aus der Schweiz!

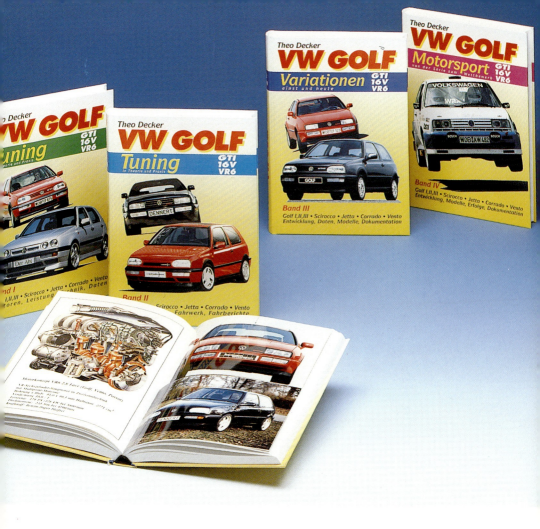

In den fünfziger Jahren hat der Autor, Theo Decker, damit begonnen, dem Käfer und später dem Golf Beine zu machen und er ist somit auf dem Gebiet des Tunens ein Begriff.

Nun hat er all sein Wissen über den Golf, der nunmehr seit fast zwanzig Jahren gebaut wird, in vier Bänden zusammengefaßt. Der Golf, wird in diesen vier Bänden ausführlich behandelt.

In den ersten beiden Bänden geht es ausschließlich um Golf-Tuning. Im dritten Band wird der normale Golf mit all seinen Varianten vorgestellt und im vierten Band erleben Sie den Golf im Motorsport. Alle vier Bände sind ein Muß für jeden Golf-Freund und Hobby-Tuner.

Sie sind nicht nur ein Nachschlagewerk sondern unentbehrlich für jeden Golf-Enthusiasten.

GERD WEISER DÜSSELDORF
Fahrzeugtechnik GmbH
Restauration und Tuning
Meisterbetrieb

Unsere aktuelle und umfangreiche Info-Mappe gegen DM 10.-- Vorkasse enthält
(Ausland plus DM 8.-- Porto)

- Restaurationsinfo (mit Beispiel)
- Tuninginfo (speziell Käfer Typ 1)
- Spezialauspuffinfo (auch V2A)
- Spezialinfo "Geregelter Wurm-Kat"
- Lieferprogramm und Preisliste
- 60 Produktinfos

40625 Düsseldorf · Benderstr. 101 · Tel: 0211 / 28 31 47 · Fax 29 69 12

Don't dream – just do it

- Fabrikneue Mexico-Käfer mit G-Kat und Einspritzung (auch als Cabrio)
- Geprüfte Gebraucht-Käfer; Oldtimer-Käfer
- Gute gebrauchte und restaurierte 1303-Cabriolets, auch mit Garantie
- Informieren Sie sich auch über unsere reichhaltigen Zubehörmöglichkeiten vom Airbag bis zur Wegfahrsperre

D E R   K Ä F E R - I M P O R T E U R

Gaugasse 12
65203 Wiesbaden
Tel. 0611-601837
Fax 608825

Neue Käfer
Liebhaber-Kfz
Verkauf und
Service

Kompetent in Sachen Käfer

Käferschmiede
Dachauer Straße 39
85241 Ampermoching
Telefon 0 81 39 / 67 67
Telefax 0 81 39 / 66 76

**TOP CHOP und
Unmögliches mit TÜV
Tuningteile
Fahrwerksteile
Kunststoffteile
Motoren u.v.m.**

**Gesamtpreisliste
gegen DM 3,00**
(Briefmarken, Vorkasse)

KÄFERTEILE IN BERLIN
WOZNY & MARSON GbR

WINSSTRASSE 13
10405 BERLIN
Tel. 030 / 442 57 65
Fax. 030 / 442 57 65

Versand täglich

Spezialteile Typ 1 + Typ 4

Motorteilebearbeitung • Motorenteile • Nockenwellen
Bleifrei-Umrüstung • Kolben + Zylinder-Sätze
Zylinderköpfe • Vergaser-Anlagen • Luftfilter
Fahrwerksteile • Bremsanlagen • Auspuffanlagen
Kupplungen/• diverse Stoßdämpfer Fabrikate
Mangels-Felgen • Colorverglasungen
große Auswahl an Karosserieteilen und
Reparaturblechen • Zubehör fast aller Art

0,736 kW =	1 PS
25 kW =	34 PS
29 kW =	40 PS
32 kW =	44 PS
33 kW =	45 PS
37 kW =	50 PS
40 kW =	55 PS
44 kW =	60 PS
52 kW =	70 PS
55 kW =	75 PS
66 kW =	90 PS
77 kW =	105 PS
85 kW =	115 PS
88 kW =	120 PS
100 kW =	136 PS

Mister John's Volksshop

• Zubehör-Verschleiß- und Tuningteile für Käfer & Co.
mit täglichem Versand per UPS- oder Post-Nachnahme

• Kundendienst- und Wartungsarbeiten
• Rahmen-Instandsetzungen auf originalen Rahmenlehren
• Spritzverzinken, Kunststoffbeschichten und Lackierarbeiten
• Komplett-Restaurationen, Sonder-Umbauten, Motortuning
• Riesiges Gebrauchtteile-Lager von A - Z

! Vertrauen Sie unserer langjährigen Erfahrung!

Johann Lang, Vilssöhl 10   84149 Velden/Vils
Tel.: 08742 / 8311   oder   Fax.: 08742 / 2352

Wir machen Ihren Käfer wertvoller von A bis Z

HIGH-PERFORMANCE MOTOR

Wir sind Ihr Spezialist für Motorenbau:
Typ 1-4 (Rumpf- und Komplettmotoren)
- Deluxe
- High Performance
- WBX - luftgekühlt
- Econo
- Rennmotorenbau (Käfer-Cup, Formel V, historische Rennen, Beschleunigung etc.)
- Motorenüberholung und -instandsetzung

- ❏ Auspuffanlagen
- ❏ Blechteile
- ❏ Bremsteile
- ❏ Colorverglasung
- ❏ Dichtungen
- ❏ Fahrwerksysteme
- ❏ Innenausstattung
- ❏ Instrumente
- ❏ Kfz-Elektrikteile
- ❏ Motorenbauteile
- ❏ Ölkühleranlagen
- ❏ Sportsitze
- ❏ Vergaseranlagen
- ❏ Zylinderköpfe

und vieles mehr

Nutzen sie unsere gute, umfangreiche und freundliche Beratung und unseren Top-Service - Kenner der Scene schätzen diese Vorteile. Wir freuen uns über Ihren Anruf oder Besuch im M&S Shop.

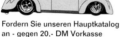

Chrom und Motor Komponenten Typ I - IV

Fordern Sie unseren Hauptkatalog an - gegen 20,- DM Vorkasse

M&S AUTOTECHNIK GmbH

Wimmer Str. 48
49152 Bad Essen/Wimmer
Tel: 05472/73471 · Fax: 05472/7988
Öffnungszeiten:
tägl.: 9-13 Uhr u. 14-17.30 Uhr
Sa.: 10-13 Uhr

Quality is our job

Schwab Tuning

KÄFER - TUNING nach Maß

Eigene Werkstatt - Restauration - Fahrwerke
Motorenbau Typ-1 & 4 - Eintragungen - Zubehör

Fordern Sie unseren Katalog gegen 10,- DM Schutzgebühr an!

Michael Schwab GmbH
Röntgenstraße 17 97230 Estenfeld

Telefon: 09305 / 8553 Telefax: 09305 / 8751

Geschäftszeiten: Montag bis Freitag von 7.30 - 18.00 Uhr

KÄFER-TUNING KUMMETAT

SPEZIALIST FÜR LUFTGEKÜHLTE VW MODELLE
KFZ-MEISTERBETRIEB

Motor Tuning • Getriebeumbau • Fahrwerktechnik • Bremsanlagen
Karosserieteile • TÜV-Abnahme • Komplettumbauten

Lieferung von Standard- und Spezialteilen für luftgekühlte VW's

Wir bieten Komplett-Service für alle luftgekühlten VW-Fahrzeuge incl. Reparaturen und Restaurierungen

Motoren mit Straßenzulassung für VW-Käfer

Typ 4	1,7 l	59 kW / 80 PS	mit TÜV
Typ 4	2,0 l	74 kW /100 PS	mit TÜV
Typ 4	2,4 l	96 kW /130 PS	mit TÜV

TÜV-Einzelabnahmen bis 10/71

Rennmotorenbau bis 3,2 l Hubraum auf Anfrage!

Bleifreiumrüstung für alle luftgekühlten Motore

Außerdem liefern wir:

Kolben, Zylinder, Zylinderköpfe, Kurbelwellen und Pleuel, Spezial-Nockenwellen und Stössel, Rennstössel 53 g, Vergaseranlagen, Luftfilter, Ansaugstutzen, Gasgestänge, Ölkühleranlagen, Auspuffanlagen, Bremsen, Bremsteile, Felgen, Reifen, Stoßdämpfer, Stabilisatoren, Instrumente, Verschleiß- und Blechteile sowie Gebrauchtteile verschiedener Art.

Gerd Kummetat

Sutumer Brücken 4   45897 Gelsenkirchen
Telefon: 0209 - 586741 Telefax: 0209 - 586743

Wir beraten Sie gern,
rufen Sie uns doch einfach einmal an!

Oettinger-Anlage 2100 E/4 Kat (WBX 4)
für 1302/03 Käfer und Käfer Cabrio
mit 1,6 l - 37 kW (50 PS)-Motor

Technische Daten des Motors mit Oettinger-Anlage 2100 E/4 Kat (WBX 4)

Wassergekühlter Vierzylinder-Viertakt-Boxermotor, vierfach gelagerte Kurbelwelle, zentrale Nockenwelle, ungeregelter Katalysator.

Bohrung	94,0 mm
Hub	76,0 mm
Hubraum	2110 ccm
Verdichtungsverhältnis	10,0 : 1
max. Leistung	74 kW (100 PS) bei 5000/min
max. Drehmoment	162 Nm bei 2900/min

Konstruktive Änderungen gegenüber dem Serienfahrzeug

Oettinger-Anlage WBX 4/Kat mit digitalgesteuerter Einspritzanlage (Digijet) Hochleistungs-Transistor-Zündanlage, Spezialauspuffanlage mit Katalysator Wasserkühler vornliegend mit thermostatisch gesteuertem 2-Stufen-Elektrolüfter verbesserte Heizungsanlage mit wasserumspültem Wärmetauscher und 3-Stufen-Gebläse.
Spezielle Kupplungsanlage (Schwungscheibe, Druckplatte, Mitnehmerscheibe) Kraftstofftank mit Schwallblechen, Front- und Heckabschlußblech geändert, Motorelektronik im Innenraum , Wassertemperaturanzeige.

Schadstoffklassifizierung
Schadstoffarm nach Euro-Norm
Kraftstoff
Super Bleifrei, mind. 95 ROZ

oettinger Technik GmbH
Max-Planck-Straße 36 61381 Friedrichsdorf
Telefon: 0 61 72 - 70 53 / 54 Telefax: 0 61 72 - 70 56

Geschwindigkeits Tabelle!

Stoppen Sie mit der Stoppuhr die Geschwindigkeit zwischen zwei Kilometerschildern auf der Autobahn und lesen dann das Ergebnis auf der Tabelle ab.

Geschwindigkeit ! - Zeit in Sekunde = km/h -

Sek	km/h	Sek	km/h	Sek	km/h	Sek	km/h
60.0 s =	60.0 / h	48.6 s =	74.1 / h	37.2 s =	96.8 / h	25.8 s =	139.5 / h
59.8 s =	60.2 / h	48.4 s =	74.4 / h	37.0 s =	97.3 / h	25.6 s =	140.6 / h
59.6 s =	60.4 / h	48.2 s =	74.7 / h	36.8 s =	97.8 / h	25.4 s =	141.7 / h
59.4 s =	60.6 / h	48.0 s =	75.0 / h	36.6 s =	98.4 / h	25.2 s =	142.9 / h
59.2 s =	60.8 / h	47.8 s =	75.3 / h	36.4 s =	98.9 / h	25.0 s =	144.0 / h
59.0 s =	61.0 / h	47.6 s =	75.6 / h	36.2 s =	99.4 / h	24.8 s =	145.2 / h
58.8 s =	61.2 / h	47.4 s =	75.9 / h	36.0 s =	100.0 / h	24.6 s =	146.3 / h
58.6 s =	61.4 / h	47.2 s =	76.3 / h	35.8 s =	100.6 / h	24.4 s =	147.5 / h
58.4 s =	61.6 / h	47.0 s =	76.6 / h	35.6 s =	101.1 / h	24.2 s =	148.8 / h
58.2 s =	61.9 / h	46.8 s =	76.9 / h	35.4 s =	101.7 / h	24.0 s =	150.0 / h
58.0 s =	62.1 / h	46.6 s =	77.3 / h	35.2 s =	102.3 / h	23.8 s =	151.3 / h
57.8 s =	62.3 / h	46.4 s =	77.6 / h	35.0 s =	102.9 / h	23.6 s =	152.5 / h
57.6 s =	62.5 / h	46.2 s =	77.9 / h	34.8 s =	103.4 / h	23.4 s =	153.8 / h
57.4 s =	62.7 / h	46.0 s =	78.3 / h	34.6 s =	104.0 / h	23.2 s =	155.2 / h
57.2 s =	62.9 / h	45.8 s =	78.6 / h	34.4 s =	104.7 / h	23.0 s =	156.5 / h
57.0 s =	63.2 / h	45.6 s =	78.9 / h	34.2 s =	105.3 / h	22.8 s =	157.9 / h
56.8 s =	63.4 / h	45.4 s =	79.3 / h	34.0 s =	105.9 / h	22.6 s =	159.3 / h
56.6 s =	63.6 / h	45.2 s =	79.6 / h	33.8 s =	106.5 / h	22.4 s =	160.7 / h
56.4 s =	63.8 / h	45.0 s =	80.0 / h	33.6 s =	107.1 / h	22.2 s =	162.2 / h
56.2 s =	64.1 / h	44.8 s =	80.4 / h	33.4 s =	107.8 / h	22.0 s =	163.6 / h
56.0 s =	64.3 / h	44.6 s =	80.7 / h	33.2 s =	108.4 / h	21.8 s =	165.1 / h
55.8 s =	64.5 / h	44.4 s =	81.1 / h	33.0 s =	109.1 / h	21.6 s =	166.7 / h
55.6 s =	64.7 / h	44.2 s =	81.4 / h	32.8 s =	109.8 / h	21.4 s =	168.2 / h
55.4 s =	65.0 / h	44.0 s =	81.8 / h	32.6 s =	110.4 / h	21.2 s =	169.8 / h
55.2 s =	65.2 / h	43.8 s =	82.2 / h	32.4 s =	111.1 / h	21.0 s =	171.4 / h
55.0 s =	65.5 / h	43.6 s =	82.6 / h	32.2 s =	111.8 / h	20.8 s =	173.1 / h
54.8 s =	65.7 / h	43.4 s =	82.9 / h	32.0 s =	112.5 / h	20.6 s =	174.8 / h
54.6 s =	65.9 / h	43.2 s =	83.3 / h	31.8 s =	113.2 / h	20.4 s =	176.5 / h
54.4 s =	66.2 / h	43.0 s =	83.7 / h	31.6 s =	113.9 / h	20.2 s =	178.2 / h
54.2 s =	66.4 / h	42.8 s =	84.1 / h	31.4 s =	114.6 / h	20.0 s =	180.0 / h
54.0 s =	66.7 / h	42.6 s =	84.5 / h	31.2 s =	115.4 / h	19.8 s =	181.8 / h
53.8 s =	66.9 / h	42.4 s =	84.9 / h	31.0 s =	116.1 / h	19.6 s =	183.7 / h
53.6 s =	67.2 / h	42.2 s =	85.3 / h	30.8 s =	116.9 / h	19.4 s =	185.6 / h
53.4 s =	67.4 / h	42.0 s =	85.7 / h	30.6 s =	117.6 / h	19.2 s =	187.5 / h
53.2 s =	67.7 / h	41.8 s =	86.1 / h	30.4 s =	118.4 / h	19.0 s =	189.5 / h
53.0 s =	67.9 / h	41.6 s =	86.5 / h	30.2 s =	119.2 / h	18.8 s =	191.5 / h
52.8 s =	68.2 / h	41.4 s =	87.0 / h	30.0 s =	120.0 / h	18.6 s =	193.5 / h
52.6 s =	68.4 / h	41.2 s =	87.4 / h	29.8 s =	120.8 / h	18.4 s =	195.7 / h
52.4 s =	68.7 / h	41.0 s =	87.8 / h	29.6 s =	121.6 / h	18.2 s =	197.8 / h
52.2 s =	69.0 / h	40.8 s =	88.2 / h	29.4 s =	122.4 / h	18.0 s =	200.0 / h
52.0 s =	69.2 / h	40.6 s =	88.7 / h	29.2 s =	123.3 / h	17.8 s =	202.2 / h
51.8 s =	69.5 / h	40.4 s =	89.1 / h	29.0 s =	124.1 / h	17.6 s =	204.5 / h
51.6 s =	69.8 / h	40.2 s =	89.6 / h	28.8 s =	125.0 / h	17.4 s =	206.9 / h
51.4 s =	70.0 / h	40.0 s =	90.0 / h	28.6 s =	125.9 / h	17.2 s =	209.3 / h
51.2 s =	70.3 / h	39.8 s =	90.5 / h	28.4 s =	126.8 / h	17.0 s =	211.8 / h
51.0 s =	70.6 / h	39.6 s =	90.9 / h	28.2 s =	127.7 / h	16.8 s =	214.3 / h
50.8 s =	70.9 / h	39.4 s =	91.4 /h	28.0 s =	128.6 / h	16.6 s =	216.9 / h
50.6 s =	71.1 / h	39.2 s =	91.8 / h	27.8 s =	129.5 / h	16.4 s =	219.5 / h
50.4 s =	71.4 / h	39.0 s =	92.3 / h	27.6 s =	130.4 / h	16.2 s =	222.2 / h
50.2 s =	71.7 / h	38.8 s =	92.8 / h	27.4 s =	131.4 / h	16.0 s =	225.0 / h
50.0 s =	72.0 / h	38.6 s =	93.3 / h	27.2 s =	132.4 / h	15.8 s =	227.8 / h
49.8 s =	72.3 / h	38.4 s =	93.8 / h	27.0 s =	133.3 / h	15.6 s =	230.8 / h
49.6 s =	72.6 / h	38.2 s =	94.2 / h	26.8 s =	134.3 / h	15.4 s =	233.8 / h
49.4 s =	72.9 / h	38.0 s =	94.7 / h	26.6 s =	135.3 / h	15.2 s =	236.8 / h
49.2 s =	73.2 / h	37.8 s =	95.2 / h	26.4 s =	136.4 / h	15.0 s =	240.0 / h
49.0 s =	73.5 / h	37.6 s =	95.7 / h	26.2 s =	137.4 / h	14.8 s =	243.2 / h
48.8 s =	73.8 / h	37.4 s =	96.3 / h	26.0 s =	138.5 / h	14.6 s =	246.6 / h

Ahnendorp Autoteile

Autoteile **B.A.S.**
special parts

Verschleißteile für Käfer, Typ 4, Golf, Polo und Wasserboxer
(Motor - Fahrwerk - Bremsen)
Spezialteile für VW Käfer, Typ 4, Golf, Polo und Wasserboxer

SEIT ÜBER 10 JAHREN MOTORSPORT-ERFAHRUNG!

Wir liefern: U.S. Käferteile und Golfteile zu günstigen Preisen.
Deutsche Spezialteile von:
Oettinger, Sachs, Dr. Schrick, Mahle, Bilstein, Weber, Dellorto, Koni, Leistritz.

Außerdem: Mehr als 80 Spezialteile, die von uns oder für uns hergestellt werden:
Auspuffanlagen, Sportgetriebe, Porsche-Kühlungs-Kits für Käfer,
Typ 4, Vergaseransaugrohre, 3-teilige Rennfelgen, Stoßdämpfer nach Maßangabe,
Einspritzanlagen, Ölkühlerthermostate usw.

Unsere Werkstatt: bearbeitet für Sie sämtliche Käfer,- Golf-, Polo- und Wasserboxer-Motorenteile:
Zylinderköpfe ausdrehen u. planen, Motorgehäuse aufspindeln, Kurbelwellen schleifen,
Ventilsitze fräsen, Ventile schleifen, Zylinder bohren und honen, Kurbelwellen und
Schwungräder feinwuchten, Nockenwellenlager-Reparatur für Golf usw.
Alles zu Preisen, die Anfahrt oder Versandkosten wieder gut machen.

Alle Teile sind in unserem 100seitigem Katalog mit Preisliste abgebildet, den Sie gegen Einsendung von DM 25,- erhalten.
Bitte keinen Besuch ohne vorherige telefonische Voranmeldung.

Ahnendorp GmbH
Klever Straße 8 - 46419 Anholt - Abtl. VW/S , Frau Jolink - Telefon 02874/4047 Fax 02874/1816

Original VW Mexico Accessoires
(T-Shirts, Automodelle, Schlüsselanhänger etc.)

VW Käfer (auch Cabrios) - VW Bus Typ 2

J. J. Automobile und Sportswear Vertriebs GbR

Semmelstr. 22 - 97070 Würzburg
Tel.: 0931 - 59284 Fax.: 0931 - 59394

Tuning
mit System

CAMKO Nockenwellen, ein Name der für Erfahrung, Engagement und Kompetenz im Motorsport steht.
Wir bieten Ihnen mit der Tornado Sportnockenwelle ein solides Straßentuning.

Technische Beratung, Fertigung und Vertrieb von Sport- und Rennsportnockenwellen in Klein- und Großserienfertigung. Nockenwellen in Stahlausführung. Nockenwelleninstandsetzung für alle PKW, Oldtimer und Motorräder.

Jede **CAMKO** Nockenwelle ist ein ausgereiftes Präzisionsprodukt. Unsere Qualität und Leistungsfähigkeit sind entscheidendes Kennzeichen für Tuning mit System.

CAMKO NOCKENWELLEN GmbH

Spellenerstr. 77
46562 Voerde
Tel.: 0281 4411
Fax.: 0281 4413

WEBER
Vergaser + Einspritzungen

Vergaser • Einspritzungen • Ersatzteile • Zubehör
TÜV-geprüfte Umrüst- und Leistungssteigerungs-Kits
Entwicklung • Herstellung • Instandsetzung
Rollen- und Motorprüfstand bis 400 kW
Über 40 Jahre Dienst am Kfz und immer auf dem neuesten Stand der Technik

 Viktor Günther GmbH

Kölner Straße 236 • 51149 Köln-Porz
Tel. 02203 / 13069 + 13060
Fax. 02203 / 14881

Gerd Tafel
Wittener Landstr. 36,
58313 Herdecke
Tel: (0 23 30) 7 47 79,
Fax: (0 23 30) 7 42 92

Rundum tafelfertig, was wir zu bieten haben!

Vorderachskörper, Stoßdämpfer, Fahrwerkssätze, Fahrwerksfedern, **Bilstein-Sportfahrwerkskits für ALLE Volkswagen**, Bremsscheiben, Scheibenbremsanlagen, Bremsklötze, Bremssättel, Bremstrommeln, Bremsbacken, Bremsschläuche, Hauptbremszylinder, Radbremszylinder, Radlagersätze, Lenkgetriebe, Lenkungsdämpfer und Frontstabis - *Fahrwerksoptimierung für fast alle Ansprüche!*

Kolben und Zylindersätze, Bleifrei-Zylinderköpfe, Lagersätze und Edelstahlauspuffanlagen - *Motortuning aller Leistungsstufen f. Typ I - IV!*

Haubendichtungen, Türgriffe, Türverkleidungen, Gebläsekästen, Motorbleche, **Karosserieteile und Reparaturbleche** für Typ I - IV, div. **Interieur und Zubehör** für Käfer, Bus, Typ III & IV, das kompl. Lieferangebot Gene Berg, Scat und Pauter Machine, Import rostfreier US-VW und VW- Dragster - *und vieles, vieles mehr!*

Täglicher Versand per Nachnahme!
Umfangreiche Preisliste gegen frankierten Rückumschlag!

Öffnungszeiten: Herdecke Mo.-Fr. 9-18 Uhr, Samst. 9-14 Uhr
Dresden Mi. 16.30-18.30, Do. 18-20.30 Uhr

...alles was Ihrem Käfer so paßt!

TAFEL SHOP DRESDEN	TAFEL SHOP CALIFORNIA
c/o André Rudoba,	c/o Ralf Sudorf,
Altdölzschen 34	4767 MacLura St.,
01187 Dresden,	Oceanside CA, USA-92057,
Tel: (01 72) 2 09 62 26	Fax: (619) 754 12 47

Christian's Käferstübchen

Motorenbearbeitung und Tuning
Fahrwerkstechnik
Vergasertechnik
Komplettmotoren
Rumpfmotoren
Reparaturbleche
Verschleißteile

Noch Fragen???

Info-Hotline:
05241/54385

Öffnungszeiten:
Di.-Fr. 14:00 bis 18:30 Uhr
Sa. 10:00 bis 14:00 Uhr

Christian Bollweg
Fichtenstr. 44
33334 Gütersloh

Fax: 05241 / 531428

Käferteile ohne Ende

Christian's Käferstübchen

CABRIO VERDECKE

Superpaßform per Computer
Alle Fabrikate, Sonnenland und Original-Materialien
Montage-Service
Teppiche, Lederinterieurs
Cabriomützen
Falt-schiebedächer

Farbkatalog von:
Postfach 1708
72607 Nürtingen
HÄRTEL
Mühlstr. 16 D-72622 Nürtingen
☎ 07022 / 9 32 32-0 Fax 07022 / 9 32 33-0

6. Käfer's Rückkehr in die Zukunft?

6.1 Fahrzeugstudie von Volkswagen: Concept 1

Wolfsburg, 5. Januar 1994 - Ganz gleich, welche Form er hat - ob als Käfer, Golf, Vento, Passat, Corrado oder Transporter - der Volkswagen kann nicht verwechselt werden. Er ist zuverlässig, wofür nicht zuletzt seine solide Technik garantiert.
Seit 1934, als Ferdinand Porsche das Konzept eines preiswerten Personenkraftwagens vorstellte, hat sich Volkswagen vom Fahrzeughersteller mit nur einem Produkt zum viertgrößten Automobilunternehmen der Welt entwickelt, das eine breite Modellpalette für alle Bevölkerungsschichten anbietet.

Heute entsteht bei Volkswagen eine neue Form - ein Konzept, das mit Blick in die Zukunft entwickelt wurde, mit Blick auf die Transportbedürfnisse von heute und die des kommenden Jahrhunderts. Das 1991 eröffnete VW-Designzentrum in Simi Valley (Kalifomien) hat ein Projekt für die Konstruktion eines Autos ins Leben gerufen, das am besten als Konzept der Rückkehr in die Zukunft beschrieben werden kann - das Concept 1.

Concept 1. Für diese Fahrzeugstudie von Volkswagen wählten die Designer einzelne geometrische Elemente aus, um sie in einem modernen und harmonischen Verhältnis zusammenzufügen.

"Unser Vorhaben bestand darin, ein Fahrzeug zu konstruieren, das die Vergangenheit mit der Zukunft verbindet. Ein Fahrzeug, zu dem die Kunden eine Beziehung und Vertrauen haben. Ein Fahrzeug, das jedoch gleichzeitig moderne Technik bietet", erklärt J. C. Mays, Leiter des Designteams für diese Studie. Einfachheit, Ehrlichkeit, Verläßlichkeit und Originalität- diese Traditionen von Volkswagen standen dabei immer wieder im Mittelpunkt, so Mays.
Denken wir an den ursprünglichen Volkswagen. Als der Käfer 1949 zum ersten Mal nach Amerika kam, verfügte er auch über innovative Technik. Unser Team begann sich vorzustellen, wie man modeme Technik mit der Tradition von Volkswagen verbinden könnte.
Die Aufgabe bestand weniger in der Konstruktion eines neuen Fahrzeugs, sondem mehr in der Bewahrung einer Idee. "So wie Ferdinand Porsche sind wir vom Standpunkt des Ingenieurs herangegangen: Was ist unbedingt erforderlich? Was an Design- oder Formgebungslinien ist überflüssig? Statt Styling mit diesem Fahrzeug zu betreiben, haben wir einzelne geometrische Elemente ausgewählt, um sie in einem modernen und harmonischen Verhältnis zusammenzufügen. Das Fahrzeug verkörpert Volkswagen".

Im Seitenprofil besteht Concept 1 aus drei zylindrischen Formen.
Es ist so ausgelegt, daß der Motor vorn liegt und zwei Airbags, Seitenaufprallschutz sowie ABS integriert werden können.

Concept 1 besteht im Profil aus drei zylindrischen Formen. Zwei befinden sich an der Stelle, wo die Räder angeordnet sind, und eine bildet den Fahrgastraum.
Am Fahrzeug sind keine aggressiven Linien vorhanden, keine der Linien suggeriert Geschwindigkeit.

Volkswagen: Concept I

Das Fahrzeug ist für einen vorn liegenden Motor ausgelegt und auch so konstruiert, daß zwei Airbags, Seitenaufprallschutz und ABS integriert werden können.

Concept 1 besitzt sowohl eine Stereo-Radioanlage als auch einen CD Spieler mit sechs Lautsprechern. Zur Ausstattung gehören außerdem Automatikgetriebe, Klimaanlage, perforierte Lederausstattung, voll einstellbare Vordersitze und Teppich im Innenraum.

Concept 1 ist ein Fahrzeugkonzept der 90er Jahre, ein Auto für jedermann - für die Tochter, die zur Uni fährt, für die Großeltern beim Einkauf oder für die tägliche Fahrt zur Arbeit. Concept 1 verkörpert die Grundwerte eines Volkswagens. Jeder kann sich darin sehen lassen, niemand wirkt darin deplaziert. Volkswagen steht damals wie heute für diese Werte - einfach, ehrlich, verläßlich und einmalig.

Rückansicht:

Mit einer Höhe von 1500 mm, einer Länge von 3824 mm und einer Breite von 1636 mm bietet Concept 1, die zweitürige Fahrzeugstudie von Volkswagen, Platz für vier Erwachsene.
Concept 1 von Volkswagen ist so ausgelegt, daß der Motor vorn liegt und zwei Airbags, Seitenaufprallschutz sowie ABS integriert werden können.

Volkswagen: Concept I   253

Neben Concept 1, der Fahrzeugstudie, stellt Volkswagen in Detroit drei unterschiedliche Antriebskonzepte vor, die für die Zukunft denkbar sind - hier ein Aggregat mit vierzylindrigem TDI-Motor (Turbodiesel-Direkteinspritzer) und der Ecomatic, die den Motor immer dann abstellt, wenn er nicht gebraucht wird.

Technische Daten:

Motor / Bauart Antriebskonzept /Conzept 1:
vorn eingebauter 4-Zylinder Turbodiesel mit Direkteinspritzung,
Hubraum 1900 ccm, Leistung 66 kW, Drehmoment 202 Nm,
Fahrleistung: 180 km/h, Kraftstoffverbrauch: 5,1 l / 100 km (FTP-75-Zyklus),
Beschleunigung: 0 auf 100 km / h 12,8 s.

Abmessungen / Gewichte:
Länge: 3824, Breite 1636, Höhe 1500, Radstand 2525, (mm)
Spurweite: vorn / hinten 1488 / 1488,
Gewicht: 907 kg.

Weitere Antriebskonzepte:
Hybrid-Version: 3-Zylinder Turbodiesel 1400 ccm, 40 kW, u. Asyncronmotor,
Elektro-Version: Asyncronmotor, 37 kW.

Käfer-Tuner und Zubehör-Lieferanten in Deutschland.

Bei den Recherchen zu diesem Buch haben wir uns bemüht, von allen in Deutschland tätigen Käfer-Tunern und Zubehör-Lieferanten Prospekte oder Bild-Material zu bekommen.

Leider haben uns nicht alle angeschriebenen Firmen geantwortet, so daß wir nur die Firmen erwähnen können, von denen wir Informationsmaterial erhalten haben. So ist unser nachfolgendes Adressen-Verzeichnis leider nicht ganz vollständig.

Ahnendorp GmbH
Klever Str. 8
46419 Anholt
Tel. 02874 - 4047

**Käferland,
Adam & Melzer KG**
Kampchaussee 73
21033 Hamburg
Tel. 040 - 724420

American Custom Shop
Udo Spiegler
Weidenauer Straße 65
57076 Siegen
Tel. 0271 - 72429

BBS Kfz AG
Welschdorf 220
77761 Schiltach
Tel. 07836 - 52-0

Bieber Cabrio GmbH
Bahnhofstr. 20
46325 Borken
Tel. 02861 - 63806

Bilstein GmbH
Bilsteinstraße
58256 Enepetal
Tel. 02333 - 987351

BSA Autoteile GmbH
Draisstr. 1
69469 Weinheim
Tel. 06201 - 100140

Bomex Kfz.-Teile Vertrieb
Postfach
47629 Straelen
Tel. 02834 - 78309

California Käfer Shop
Peter Kramer
Glückaufsegenstraße 82
44265 Dortmund
Tel. 0231 - 791711

**CAMCO
Nockenwellen GmbH**
Spellenerstr. 77
46562 Voerde
Tel. 0281 - 4411

**Christian's Käferstübchen
Christian Bollweg**
Fichtenstraße 44
33334 Gütersloh
Tel. 05241 - 54385

Custom, Cars & Bikes,
Fahrzeugteile und
Veredelungs GmbH
Benzstraße 19
64807 Dieburg
Tel. 06071 - 5499

Dannert GmbH
Cronenberger Straße 147 b
42651 Solingen
Tel. 0212 - 57094

**Günther GmbH
Weber Vergaser**
Kölnerstr. 236
51149 Köln
Tel. 02203 - 13060

**Dirk Hansen
Nordland Käfer**
Behmstraße 2-4
24941 Flensburg
Tel. 0461 - 98534

Cabrio Verdecke Härtel
Mühlstr. 16
72622 Nürtingen
Tel. 07022 - 932320

**Hoffmann Speedster
Teile Vertriebs GmbH**
Gerberstr. 138
41748 Viersen
Tel. 02162 - 30022

Holzapfel - Tuning
Gleiwitzer Str. 31
71229 Leonberg
Tel. 07152 - 43239

Frost
Alter Brettener Weg 12
75015 Bretten
Tel. 07258 - 7860

**Kamei Aerodynamik
und Design**
Bodenstedtstraße 4
65189 Wiesbaden
Tel. 0611 - 14010

Käfer-Freund
Deching 5
94131 Röhrnbach
Tel. 08582 - 8588

Kerscher-Tuning
Falkenberger Str. 17
84326 Rimbach-Dietring
Tel. 08727 - 1016

**Gerd Kummetat
Motorentechnik**
Sutumer Brücken 4
45897 Gelsenkirchen
Tel. 0209 - 586741

Alfred Knuf
Am Stadion 33
45659 Recklinghausen
Tel. 02361 - 26754

Koni GmbH
Industriegebiet
56424 Ebernhahn
Tel. 02623 - 6020

**Krämer
Käfer-Tuning**
An den Weiden 61
57078 Siegen
Tel. 0271 - 82999

Mister John's Volksshop
Johann Lang
Vilssöhl 10
84149 Velden / Vils
Tel. 08742 - 8311

Bug Tech
Guido Lamsbach
Lange Str. 8
37176 Nörten-Hardenberg
Tel. 05503 - 91122

Karin's Käferparadies
Karin Ley
Ahornstr. 39
74592 Kirchberg/Jagst
Tel. 07954 - 1326

MTM
Mährle & Spannagl
Dachauer Straße 39
85241 Ampermoching
Tel. 08139 - 6767

M & S Autotechnik GmbH
Wimmer Straße 48
49152 Bad Essen
Tel. 05472 - 7080

Ralf Nees Tuning
Schloßstraße 11
42551 Velbert
Tel. 02051 - 57237

Nordmann Käfer-Teile
Sülldorfer Brooksweg 93
22559 Hamburg
Tel. 040 - 816732

Oettinger Technik GmbH
Max-Planck-Straße 36
61381 Friedrichsdorf
Tel. 06172 - 7053/54

Power Tech
Eifelstraße 4
56235 Randbach-Baumb.
Tel. 02623 - 4733

Pirelli-Reifen
Hauptstraße
64739 Höchst
Tel. 06163 - 71111

Remmele Auto Technik
Murgtalstraße 332
72270 Baiersbronn
Tel. 07442 - 7113

Ing. Bernd Riechert
42551 Velbert
Lieversfeld 14
Tel. 02051 - 21232

BEETLECHOOSE
Romano Schmidt
Lange Str. 79
90762 Fürth
Tel. 9011 - 705712

Schult Kunststoff-Design
Kärntener Straße 30-32
45659 Recklinghausen
Tel. 02361 - 36035

C. & C. Schröder GmbH
Duvendahl 88
21431 Stelle
Tel. 04171 - 59955

Michael Schwab GmbH
Röntgenstraße 17
97230 Estenfeld
Tel. 09305 - 8553

Seefeldt Autosattlerei
Bobie 10
39443 Förderstedt
Tel. 039266 - 302

Simon's Bug In
Simon Leiss
Hölderlinstraße 60
70193 Stuttgart
Tel. 0711 - 2268120

Käfer Tuning
Manfred Stejskal
von Bargen Str. 18
22041 Hamburg
Tel. 040 - 6571661

Gerd Tafel
Wittener Landstr. 36
58131 Herdecke
Tel. 02330 - 74779

Uebel Tuning
Braunschweiger Straße 74
38518 Gifhorn
Tel. 05371 - 14885

VW Discount
Hannoversche Str. 41
34355 Staufenberg-
Landwehrhagen
Tel. 05543 - 4147

VW Veteranen Dienst
Claus E. von Schmeling
Im Mühlenbach 9-11
53127 Bonn
Tel. 0228 - 256540

A & M Bug Stop
Andreas Weller
Annalindestraße 8 a
74078 Heilbronn-Kirchhausen

Gerd Weiser
Fahrzeugtechnik
Benderstraße 101
Tel. 0211 - 283147

Willibald Tuning
Gartenstraße 7
75446 Serres
Tel. 07044 - 5481

Ing. Wilke
Motorentechnik
Vogelsanger Straße 385 a
50827 Köln
Tel. 0221 - 585641

Wilfried Wittkuhn
Auf der Reihe 62 c
45327 Essen
Tel. 0201 - 292659

Wozny & Marson
Fahrzeugservice
Winsstraße 13
10405 Berlin

Käfer-Importeure:

Beetles Revival
Fliederweg 11
19288 Wöbbelin
Tel. 038753 - 544

J. J. Automobil und
Sportswear Vertriebs GbR
Jens Josephi und
Michael Suiter
Semmelstraße 22
97070 Würzburg
Tel. 0931 - 59284

Russ Automobile
Andreas Russ
Gaugasse 12
65203 Wiesbaden
Tel. 0611 - 601837

Nachwort

Bei dieser Gelegenheit möchte ich mich bei allen bedanken die mich bei der Arbeit zu diesem Buch unterstützten, mit denen ich aber auch so manche Erinnerung wieder auffrischte. Sollte der Eindruck entstehen, daß der eine oder andere zu gut oder aber etwas schlechter weggekommen ist, so versichere ich, daß es keinesfalls absichtlich geschah.

Besonders bedanken möchte ich mich aber bei allen, die mir geholfen haben, dieses Buch fertigzustellen. Vor allem für die freundliche Überlassung von Fotos, technischen Informationen und Insider-Details.

In der Hauptsache bei den Mitarbeitern

des Volkswagen Museums in Wolfsburg,
des Volkswagenwerks in Wolfsburg,
des Karmann Museums in Osnabrück,
der Zeitschrift "VW Scene International", mit Fotos von Dieter Debo,
der Zeitschrift "Gute Fahrt", mit Fotos und Texten von H. J. Klersy,
der Zeitschrift "Auto Zeitung", Bauer-Verlag,
für den Beitrag zum Käfer-Cup Herrn Klaus Berner.

Sowie Mitarbeitern der namhaften Tuning Firmen und Zubehörlieferanten, die bereits in der Tuning-Adressenliste aufgeführt wurden.
Aber auch bei denen, die mir namentlich bekannt, vereinzelt aber auch unbekannt waren deren Fahrzeuge in Bild und Text vorgestellt wurden.

Mit vielen von ihnen verbindet mich eine langjährige Freundschaft und auch beim Band III war ich erfreut über ihre wiederholte Hilfsbereitschaft.
Ich hoffe auch in Zukunft auf die gleiche fruchtbare Zusammenarbeit.

Nun ist ein vierter Käfer-Band geplant und sicherlich werden auch Sie sich wieder unter den Lesern befinden wenn es heißt.

Käfer-Träume Band IV

In diesem überwiegend farbigen Bildband werden die tollsten, die schnellsten aber auch die schönsten Käfer der internationalen Bühne Pate stehen und einen Teil ihrer Geschichte erzählen.

Ihr Theo Decker

„VW Scene International" erscheint jeden Monat neu.
Das meistgekaufte Magazin zum Thema Volkswagen
im deutschsprachigen Zeitschriftenhandel.

**Überall im Handel erhältlich oder durch
MPS Medien Post-Shop, Abt. VW Scene
45678 Herten, Postfach 2122, Tel. 0 23 66 80 03 60**